I0367651

FROM THE OLD LAND

A summary of the Ferdowsi's

(Shahnameh tales)

Elham Dabiran

Serial Number: *P2436100246*
Title: *FROM THE OLD LAND*
Subtitle: *A Summary of the Ferdowsi's Shahnameh Tales*
Author: *Elham Dabiran*
Translator: *Elmira Kabiri*
Editor: *Ehsan Hajian*
Interior Designer: *Mehri Oskoei*
ISBN: *978-1-77892-208-4*
Metadata: *Classical Poetry, Persian Epic Tales*
Book Type: *Paperback*
Pages: *180*
Publish Date: *January 2025*
Publisher: *Kidsocado Publishing House*

©Copyright @ Copyright 2025 US Copyright
All Rights Reserved, including the right of production in whole or in part in any form.

KIDSOCADO PUBLISHING HOUSE
VANCOUVER, CANADA

تلفن: +1 (833) 633 8654
واتس‌آپ: +1 (236) 333 7248
ایمیل: info@kidsocado.com
وبسایت: https://www.kidsocado.com

---

*Dedicated to
my daughter,
Rozhin
and
to all the
children of my
homeland.*

Contents

Introduction	7
Tale of Kingdom of Kiumarth	8
Tale of Kingdom of Tahmureth	9
Tale of Zahhak the serpent	10
Tale of Kingdom of Fereidoun	13
Tale of Born of Zal	15
Tale of Zal and Rudabe	16
Tale of Born of Rostam	17
Kingdom of Nowzar	19
Tale of Kay Kawad	21
Rostam's seven labours	23
The battle of Hamavaran and Kay Kavous's fly to sky	26
Tale of Seven Battalions	28
Tale of Rostam and Sohrab	29
Tale of Siyavush	33
Tale of Siyavush's death revenge	38
Tale of Bijan and Manijeh	42

Tale of the Defeat of Afrasiab	45
Tale of Kingdom of Luhrasb	47
Tale of Gushtasp and Katayun:	48
Tale of Esfandiar	51
Tale of Esfandiar's seven labours	52
Tale of Battle between Rostam and Esfandiar	55
Tale of Rostam and Shaghad	58
Tale of Bahman and Humay Chehrzad	60
Tale of the kingdom of Dara	63
Tale of Eskandar's conquest	66
Tale of Ardeshir	74
Tale of Haftavad's Worm	78
Tale of Shapur and Hormuz	81
Tale of the kingdom of Shapur Ormuzd (Zul-Aktaf)	82
Tale of Yazdgerd the convict	86
Tale of the kingdom of Bahram Gur	89
Tale of Bahram Chobin and Gordiya	95
Tale of the kingdom of Shiruye	101
Tale of kingdom of Porandukht	101

Introduction

The book "From the Old Land" is a summary of the Ferdowsi's Shahnameh tales. Elham Dabiran, the compiler of this book tried to convert the stories from verse to prose in the book. The language used in the writing of the book is simple and fluent. The compiler's self-point of view is avoided in the process of tales and concepts in order to keep the faithfulness of Ferdowsi's point of view. The compiler's effort was choosing to use simple and common words to attract the attention of the audience to the concepts and beauties of Ferdowsi's song instead of using complicated words so that it can be understandable for readers. As reading Shahnameh and complete understanding of its concepts are difficult and time-consuming for most of the Iranian youths and nowadays generation due to the large volume of contents and difficulty of its verse language, it makes double the worth of the book "From the Old Land".

Tale of Kingdom of Kiumarth

Kiumarth was first person who sat on the throne of Persia and was master in the first day spring and Shah1 Kiumarth reigned for thirty years.

His only enemy was Ahriman2 the devil. Once upon a day, Ahriman (Deev)3 with his army went out against Kiumarth, although his beloved son, Siamuk went to the battle of Deev but was overcome by him and killed. Hushang, sone of Siamuk and grandchild of Kiumarth, marched against Deev to revenge his innocent father's blood and beheaded the Deev.

Tale of Kingdom of Hushang

After Kiumarth, Hushang reigned in his throne. In his time, profession of blacksmithing became popular and axes and saws were made for the first time. By his efforts, cultivation began and bread was backed by his people. Also, appearance of flint and the spark of fire happened during the period of Kiumarth kingdom. The people of that time considered fire as a gift from God and a great celebration called " Celebration of 100" was held on the occasion of the fire existence.

Tale of Kingdom of Tahmureth

Tahmureth reigned after Hushang for thirty years. How to spin yarn, raising chickens, and taming birds such as eagles and hawks, which were trained for work, were popular in his time. Tahmureth had a charitable minister named Shaysap, who spends his time for fasting and praying. Fasting and night praying are rituals that have remained since the period of Shaysap. After Tahmureth, his son, Jamshid sat on the throne.

Tale of Kingdom of Jamshid

When Jamshid sat on the throne, his people softened iron by fire and made armor. He taught people how to weave linen and silk fabrics. He spent fifty years classifying his people. He made the guards and pious as guardians of the fire and chose the brave and warriors to protect his territory. He called the third group as farmer, who were engaged in agriculture, and the fourth group, who were engaged in industrial work, as artisans and craftsmen. It took five years for people to understand their positions in groups. Jamshid commanded the giants to mix soil with water to make clay, then the houses were built from clay and stone, and mining began. During Jamshid' period, many researches and studies were done in the field of medicinal plants, and medicine was popular.

On the first day of spring, Jamshid commanded to hold a big celebration and he himself sat on his throne and called it Nowruz, which is the New Day.

Nowruz celebration is remembered in Jamshid' time. Jamshid reigned for 700 years, but after a while the heart of Jamshid was uplifted in pride, and he forgot whence came his weal and the source of his blessings. He beheld only himself upon the earth, and he named himself God. People were frightened, God withdrew his hand from Jamshid, and the kings and the nobles rose up against him during twenty-three years and went to Zahhak and asked him to sit on his throne instead of Jamshid. When Jamshid found out, he ran away, but they found him in the sea and cut him in half with a saw by Zahhak's command.

Tale of Zahhak the serpent

There lived in the deserts of Arabia a shah named Mardas, generous and God-frearing, and he had a son, Zahhak, whom he loved. Once upon a time it came about that Ahriman visited Zahhak as a good man and said that your father, Mardas, has a long life while you remain unknown and won't sit on the throne. When Zahhak heard this, he was filled with grief and temped to killed his father Zahhak conspired with Ahriman and made him set a trap by digging a hole in the king's garden. During the night, the generous Shah, Mardas, fell into the snare and was killed. Once again, Ahriman took upon himself the form of a youth, and craved that he might serve the shah as cook. Even Now the people had been nourished with herbs, but Ahriman prepared flesh for Zahhak and the flesh gave the shah courage. the cook requested Zahhak to grant that he may kiss his shoulders and Zahhak granted the request, and Ahriman kissed him on his shoulders. And when he had done so, the ground opened beneath his feet and covered the cook, so that all men present were amazed thereat. But from his kiss sprang two hissing serpents from his shoulders.

Then Ahriman came once again disguised as a doctor, and was led before Zahhak, and said Prepare food for them, therefore, that they may be fed, and give unto

FROM THE
OLD LAND

them for nourishment the brains of men, for perchance this may destroy them.

But in his secret heart Ahriman desired that the world might thus be made desolate. Unfortunately, Zaahak sat on the thorne of Persia. He is an oppressive kingdom and his desires of the wicked were accomplished and sacrificed a large number of people to feed serpents. One night, Zahhak dreamed he beheld a youth slender like to a cypress, and prisoned him in Alborz Mountain- Mountain Alborz, so he commended to destroy all the male children who were born. In the meantime, a son was born from the Tahmureth race, whose father, Abtin, was killed by Zahhak agents. His mother, Faranak, called him Feridoun. The mother of Feridoun feared that the king should destroy the child took him to Alborz Mountain and hermit to guard him to a pious man so that he would be safe. On the other hand, Kaveh, a blacksmith and a blameless man, was a strong man who zahhk had killed seventeen of his eighteen children. Kaveh stood up to revenge and united with Feridoun. Kaveh put a blacksmith's apron on the head of the spear and carried it with him in his rebellion. Later, they decorated that flag with gems and Luan fabrics and called it " Kaviani flag". Fereidoun arrested Zahhak and imprisoned him in Alborz Mountain.

Tale of Kingdom of Fereidoun

After Abtin's son Fereidoun defeated Zahhak, he sat on the throne at the beginning of the month of Mehr4 and founded the "Mehrgan" festival. Fereidoun reigned for five hundred years and chose "Tamshiye" as capital. Now after many years were passed there were born to him three sons, whose mothers were of the house of Jemshid, Shahrnaz and Arnavaz. For three sons, they considered the King of Yaman, Sarv, who had three daughters but Sarv was afraid to marry three sons his daughters and suggested to test Fereidoun's sons. Before the trip, Fereidon gave his sons the necessary lessons and asked them to come out proudly. Then the sons of Feridoun gained the hands of the daughters of Sarv, shah of Yaman, and departed with them to their own land. And Sarv gave to his new sons much treasure. Now it came about that when Feridoun learned that his sons were returning, he went forth to meet them and prove their hearts. So, he took upon him the form of a dragon. And when his sons were come near unto the mountain pass, he came upon them suddenly. The eldest son turned his back and left him to fall upon his brothers. Then the dragon sprang upon the second son, he intends to fight the dragon but after a short time he turned his back. But the youngest came towards him to fight. Then the glorious Feridoun, when he had thus made trial of their hearts, vanished from their sight. In the naming ceremony, Fereidoun named the eldest son who survived the battle with the dragon as Salm, the second son who had appeared bravely but did not go to face the danger called Tur, and the youngest who has proven himself brave, prudent, and bold called Iraj. Then he called Salm's wife "Arezo", Tur's wife "Azade Kho" and Iraj's wife "Sahi". Fereidoun parted the world and gave the three parts to his sons. he gave the Maghreb (Rome) to Salm, the Khavar[1] to Tur and Iran to Iraj, but two brothers, because of jealousy of Iraj, killed him and sent his head to his father, and Fereidoun mourned for a long time. At this time, Iraj's wife was pregnant and gave birth to a daughter, and Fereidoun desired that a husband be found for her, and he wedded her with Pashang. They had a son and

---

1- East

called him Manochehr. Years later, Manouchehr went to the battle of Salm and Tur with a large army and defeated them and destroyed them with a spear and returned to Fereidoun with an army and booty. At last the light of his life expired, and Feridoun vanished from the earth and Manouchehr sat on the royal throne.

Tale of Born of Zal

During the reign of Manouchehr, there lived a brave warrior named Sam Nariman. he was childless and always praying to God to have a healthy and strong son. At last, it came to pass that a son was born for him, beautiful of face and limb, who had neither fault nor blemish save that his hair was like that of an aged man. Now the women were afraid to tell Sam, but when Sam saw the infant, became very disappointed. Desperate about what sin he has committed that deserves such a punishment. Out of anger, he commanded his servants to take the child to the slopes of Alborz Mountain and leave him there. The infant cried for a whole day. And upon it had the Simorgh, the bird of marvel. Simorgh found him and a voice came from the unseen telling him to take care of this infant because a man will be born from his generation who will be the back and refuge of Iran and the guardian of the throne. Simorgh took care of the child until and the babe was grown to be a youth full of strength and beauty. Then it came to pass that Sam dreamed a dream, when Sam awoke, his fears came upon him for his sin. And he called his men and went to Alborz Mountain to find Zal. He found Zal, consoled him and felt remorse, then happily hugged his son and called him "Zal Zar" which means old. Then they to return Sistan. When they returned, Sam handed over the administration of the region to Zal Zar. After seeing off his father and his men, Zal gathered the elders and wise men and learned from them the secrets of governance and justice, and also engaged in learning horsemanship, warfare and heroic cuatoms.

Tale of Zal and Rudabe

Zal became the ruler of Sistan. One day, Zal went to Cabul, and the shah of Cabul, Mehrab, upon hearing the news of Zal's arrival, went to welcome him with exquisite gifts and invited him, but Zal did not accept his invitation for some reasons. The Zal's men told him stories about the beauty and perfection of the Mehrab's girl "Rudabe", and Zal fell in love with Rudabe without seeing her. Mehrab praised Zal's wisdom, politeness and bravery to his wife "Sindokht" and his daughter "Rudabe" and When Rudabeh had listened to these words her heart burned with love for Zal. At first, Sam did not agree to this marriage because Rudabe was from race of Zahhak, but because of his indifference towards Zal in the past, he agreed to this marriage and asked permission from the shah (Manouchehr). The shah was very angry and asked Sam

to attack Kabul with his army and destroy the "Mehrab"'s family. Zal appealed to Sam to satisfy the shah and when Zal came out of all Manouchehr's trails proudly and successfully, the shah agreed to marry him and Rudabe and Rudabe sat beside him on the throne.

Tale of Born of Rostam

After a few months of Zal and Rudabe's marriage, Rudabe became pregnant,Rudabe was sore afflicted, and neither by day nor night could she find rest. Then Zal in his trouble be thought him of the Simorgh had given to him a feather that he might use it in the hour of his need. And he cast the feather into the fire as he had commanded. And he told him how he should act. Simorgh also ordered to anesthetize Rudabe with medicine, and the good physician cut open her side and gave birth to the child, and soaked a plant in milk and dried it in the shade, and put it on the mother's wound, and applied Simorgh's feather on it to heal the wound and there was born to him a son. And when Rudabe said: "I got rid of a lot of pain with the help of Simorgh, that's why I named my child Rostam." Dozens of nannies fed Rostam until he was satisfied. Under his father's training, Rostam became stronger and braver day by day and reached a young age. Zal asked Rostam to take action to avenge the blood of his grandfather Nariman, who was killed by the people of Hisar Mountain. Rostam and his companions anonymously with a caravan that entered a castle.

They were able to conquer the fortress and returned to Sistan for Zal with the riches they had obtained from the treasury.

Kingdom of Nowzar

Manouchehr, the grandson of Iraj, passed away after 120 years as a shah, and Nowzar took the throne and quickly became a weak and greedy shah who overtaxed his subjects. He was an inexperienced and ambitious youth. With his pride and thoughtlessness, Nowzar messed up the situation in the country and the people were fed up with his cruelty. Realizing that his kingdom was on the brink of collapse from uprising within and rival kingdoms without, Nowzar called on the warrior Sam in Mazandaran for help. Sam went to the capital. The elders complained about the shah's lack of wisdom and asked Sam to sit on the throne. Sam blamed them and asked them to be loyal to the king. Sam called Nowzer to justice and he expressed regret. The situation in the country settled down a bit and Sam returned to Mazandaran. At this time, Pashang, the father of Afrasiab, who was of the race of Tur, heard the news. Therefore, he called about him his warriors, and bade them go forth to war against Iran. Aghrirath, the brother of Afrasiab, the other son of Pashang, did not consider this work worthy and said: "Iran and Turan have been living in peace for a long time and our grandfather (Zad Sham) has worked hard for this." But Pashang, who was a spiteful man, started the war. The war started, but the Iranian army was small and Zal had left the capital for the mourning ceremony of Sam. At that time, the only Iranian Pahlivan[1] was Qaran Kaveh.

The Iranians were defeated. Afrasiab sent two of his generals, "Shamasas" and "Khazravan" to Sistan, because at that time Zal had gone to Gorgsar for his father's ceremony, and in his absence, Mehrab, Rudabe's father, was running the city. When Mehrab realized the intention of the two generals, he thought of a plan and sent a message that he would surrender to them without a fight and asked them to rest for a few days, but he also sent a message to Zal to return to Sistan immediately. Zal returned and defeated the Turan army.

After hearing the news of this defeat, Afrasiab got angry and then Afrasiyab cut off the head of Nowzar, and sat himself down upon the throne and wanted to kill the captives as well.

However, Aghirath (Afrasiab's brother) prevented him and took care of them. The captives asked Aghirath to

---

1- Hero

release them and he said: "When Zal reaches here, I will retreat under the excuse of not having the strength." and you send a message to Zal to come and release you." When Afrasiab realized the retreat of his brother and the release of the captives, cut him in half. Iran had no king and none of Nowzar's sons were eligible to sit on the throne. Therefore, they went to "Zothamasb" from Fereidoun's race and sat him on the royal throne. The war between the two armies lasted for a long time and drought and famine spread everywhere, but finally they called this issue God's wrath and were satisfied with peace and reconciliation. After some time, it rained and the people reached peace.

Tale of Kay Kawad

When Zothamasb reached the age of eighty-six, he died and his son Garshasb sat on the throne and was just like his father. He died after nine years as well. At this time, no one sat on the royal throne Iran and once again Pashang sent his son Afrasiab to Iran with an army. Zal was old at this time and prepared his son Rostam for the campaign. Rostam sat on every horse, that horse could not move even one step, so Zal commanded to bring the herd of horses from the mountains and plains to Rostam. Meanwhile, a white mare with a foal caught Rostam's attention. The shepherd said: "The name of this foal is Rakhsh, but no one has been able to ride it so far, and its mother supports it by kicking it." Rostam grabbed the horse's reins with a rope and pushed the mare away with his fist and asked the shepherd for the horse's price. The shepherd said: "The price of the horse is that you cut off the hand of the enemy from Iran on his back. At the same time, Zal was aware that a wise young man named Kay Kawad lives in Alborz Mountain and that no one is more worthy than him to sat on the throne, so he sent Rostam to bring Kay Kawad. Rostam found him with a group of young people who were busy talking and laughing and told him that he was going to take him to the capital for the kingdom. Kay Kawad introduced himself and said about the dream he had the night before. He said: "Two white eagles came to me with the royal crown and put the crown on me." On the way, the army of Afrasiab bar the way to Rostam and Kay Kawad, but Rostam defeats them and they finally reach the capital and celebrate a week. On the eighth day, Kay Kawad sat on the royal throne, but after a while, a war broke out. In the war, young Rostam fought with Afrasiab and attacked him. He grabbed Afrasiab's belt and lifted him off the ground to take him to the Iranian camp. In the meantime, the belt broke and Afrasiab fell under the horse's hands and feet. The Turkish riders took Afrasiab out of the field and the Turanians retreated. They had no choice but truce and the king accepted. Rostam refused and said: "Pashang and Afrasiab are cunning and will attack Iran again." Kay Kawad reminded him of the battle losses and Rostam wisely accepted. The shah sent a letter to Pashang and announced that the Turanians should go to the other side of Jayhun and respect the borders established at the time of Manouchehr. A hundred years did Kai Kawad rule over Iran, and when he reached old age, he made Kay Kavous his successor out of his four sons, Kay Kavos, Kay Pashin, Kay Arash, and Kay Armin and after a while he died.

Rostam's seven labours

Kay Kavous, the shah of Iran, was a self-righteous and hot-tempered king. One day, he was having fun when

Deev appeared to him as a beautiful lady and told him stories about the beauty and pleasant air of Mazandaran and made him fascinated to travel to Mazandaran. The wise men tried to dissuade him and told him that Mazandaran is the place of Deevs and magicians, but the shah did not pay any attention to their words. He went to Mazandaran. Deevs took him to the court and locked him up. One of the soldiers who succeeded to escape went to Zal and asked him for help. Rostam went to Mazandaran to rescue Kay Kavous and started seven labours.

The First Labour: A fierce lion appears, and mounts a ferocious attack on his horse Rakhsh; but Rakhsh, although hard-pressed, succeeds in killing the savage beast with his hooves.

The second Labour: Rostam enters a desert, in which no water is to be found. Rostam sees a sheep pass by, which he hails as the harbinger of good. Rising up and grasping his sword in his hand, he follows the animal, and comes to a fountain of water.

The third Labour: Rostam sees the dragon in the forest.

The fourth Labour: Demon in disguise that the name of God; but, at the mention of the Creator, the temptress is forced to resume her true form - that of a black fiend with hearing the name of God and Rostam cleaving her in two.

The fifth Labour: A green field, where Rostam left Rakhsh for grazing and fell asleep himself. The guard there hit Rostam's leg with a stick and Rostam cut his ears. The guard went to Olad and complained to Rostam, but Rostam defeated Olad and told him that if he showed the location of the court and the place where Kay Kavous was imprisoned, he would forgive him and promised him the governorship of Mazandaran.

The sixth Labour: Rostam killed Arzhang Deev and entered to seventh labour.

The seventh Labour: Olad informed Rostam about the midday dream of Deevs, and at noon, Rostam entered the cave where the white Deev lived, he did not kill the demon in his sleep because he was a brave man and woke him up with a loud voice and won after a hard battle. And he pulled out the white liver of the demon and with the blood of the demon's liver, he saw the eyes of Kay Kavous and his companions. Then Kay Kay Kavous sent a letter to the king of Mazandaran and asked him to surrender, but the he did not accept his request. A bloody war began and finally Rostam bravely killed the king of Mazandaran and defeated his army.

The battle of Hamavaran and Kay Kavous's fly to sky

Kay Kavous was a wisdom less and recklessness man and he got involved in incidents that caused problems for himself and Iran. One day, Shah of Iran (Kay Kavous) would visit his empire, and look face to face upon his vassals. When he passed from Turan and China, he interred to battle with Berberistan. After he won, he was a guest of Zal and Rostam for a month. While returning to the capital, he heard the news of Hamavaran king's rebellion and left Iran to Zal and Rostam and Kay Kavous got ready his army and marched against the rebels. He defeated Hamavaran shah and the kings of Egypt and Syria also surrendered and took exquisite gifts to the Shah of Iran. Kay Kavous, pleased with this victory, decided to return, but he heard that Hamavaran King had a beautiful daughter named Sudabe. He proposed to the girl without thinking When the shah of Hamaveran heard this message his heart was filled with gall, and his head was heavy with sorrow, but the girl gave him a positive answer. Hamavern thought of a trick and entertained Kay Kavous and his companions for a week with feasts and wine, and when they were not ready for battle, he attacked them with his army and arrested Kay Kavous and threw him into prison and asked Sudabe not to return to him, however she refused and Sudabe be flung into the same prison as her king. Enemies attacked Iran from all sides. Arabs on one side and Afrasiab on the other. A group of elders went to Sistan and asked Zal and Rostam that one of them should sit on the royal throne and cut off the hands of the enemies from the territory. They did not accept and decided to save Kay Kavous. Rostam went to battle with his army.

The Berberstan king was arrested by "Goraze", the king of Egypt was killed by the sword of "Zavareh" and the king of Syria was killed by Rostam. Hamavaran king remained helpless and had to free the captives. Iran was cleansed of its enemies, and Kay Kavous calmly sat on the throne and gave Rostam the title of world champion. After a while; Kay Kavous commanded his men to build a magnificent palace of exquisite jewels for him. One day, the Ahriman took upon him and said all the world is submissive before you, and you should know the secret of the heavens because it is in the sky that the fate of people is determined." Finally, he convinced him to go to the sky and He commanded to make a frame from wood for him and install four spears on its four corners and put a piece of flesh on the tip of each spear and tied the legs of four hungry eagles to the four corners of the frame so that after a while Kay Kavous fell from the frame. Rostam was aware of the news, and he went to look for Kay Kavous, found him and took him to the capital. he was and sorrowful and shamed in his soul and prayed to God in his trouble, and entreated pardon for his sins.

Tale of Seven Battalions

One day Giv suggested that they go for a trip to Afrasiab's hunting ground and spend a week e having fun and hunting. Seven of the warriors agreed, and at dawn the next day, Gudarz, Giv, Bahram Gorgin, Tos, Zanganeh Shavaran, Gostaham, Gorazeh, and Rostam went to the hunting ground among Jayhun, Kharazm desert, and Sarakhs. On the eighth day, Rostam said to the warriors:

"Afrasiab must have been informed of our existence and may come to battle, so we must be careful about the attack." A few days later, a conflict broke out between seven battalions and Afrasiab's army, and Rostam attacked Afrasiab with his Rakhsh. Rostam threw a lasso to catch him, but Rostam's lasso hit his own helmet, and Toran king survived from Rostam's hand once again.

Tale of Rostam and Sohrab

One day, Rostam, Iran's hero, decided to hunt and went on a trip to Turan. After a while, he was weary of the hunt and rested and left his Rakhsh for grazing. At this time, while the hero was sleeping there passed by some knights of Turan, and they beheld Rakhsh to Turan. But Rostem when he awoke from his slumbers, he went to the city of Samangan to find Rakhsh, and the news of the arrival of hero of heroes reached the Samangan shah and the elders and the nobles came forth to greet him. He spent one night in the Samangan palace for a night to find his Rakhsh . In the middle of the night, Tahmine, the daughter of the shah of Samangan, went to Rostam.

Rostam sent someone to look for Mobed[1] and they two got married.

The next morning, Rostam left for Iran, but before the trip, he gave Tehmina an expensive bead and said: "If our child is a girl, tie this bead on her hair, and if it's a boy, tie it on her arms like me." Sometime later, Tehmine born a son and named him "Sohrab". When the boy reached the age of adolescence, he went to his mother and asked her about his father. Tehmaneh gave him Rostam's name and badge and emphasized to him that this secret should not be revealed to the shah of Turan, Afrasiab, because he was Rostam's enemy and might harm Sohrab. Unaware that Afrasiab was aware of this secret. Sometime later, Sohrab went to Iran with an army to bring his father to the kingdom by destroying Kay Kavous. The news of this massacre reached Afrasiab, and he sent two of his generals, "Homan" and "Barman" along with an army, to help Sohrab. He commanded them not to let Rostam get to know Sohrab, so that the father might be killed by the son and Afrasiab would reach his goal, the kingdom of Iran. Afrasiab's army reached white Fortress, but the border guard of Gozhdaham Dej was old and una-

---

1 - Priest

ble to battle. At this time, the guard of the Hojir Dej put on a battle uniform and went to battle with Sohrab, but was defeated and captured by the Turan army. Gozhdaham had a strong daughter named Gordafarid who was skilled in riding and shooting. He also put on a battle uniform and went to Sohrab's battle, and when he was defeated, Sohrab took off his hat and realized that she was a woman, but Gordafarid ran away from him and entered the castle. The next morning, Gozhdaham wrote a letter to Kay Kavous, in which he considered Rostam to be the only opponent of the young man.

    The next day Sohrab attacked the fort but found it empty and was very upset. At this time, Kay Kavous wrote a letter to Rostam and requested him to go to the palace with Giv. At first Rostam refused, but finally after three days he went to the palace, of course, with Giv's insistence. Kay Kavous was very angry with them and commanded them to be hanged. When Rostam found out about Kay Kavous's intention, he knocked him down and said to him, "Truly, after all these years of serving you, you don't deserve to be a shah." Kay Kavous regretted and consoled Rostam. At night, Rostam entered Sohrab's army in form of Turanian clothes to visit him and see him next to Sohrab and next to "Jand Razm", Tehmine's brother and the only person who could show him as father. Gandrzam went after Rostam's shadow and Rostam knocked Gandrzam off his feet with a blow. Sohrab was enraged by this and swore that he would shed the blood of many Iranians. Before the start of the battle, Sohrab called "Hajir" and asked him about Iranian warriors. Sohrab hoped that Hajir could introduce the father to him. Hajir introduced everyone, but because he was worried that Sohrab would bite Rostam, he introduced him as a warrior from China and disappointed Sohrab's hope. A battle broke out between Rostam and Sohrab. The first day was inconclusive and both were stunned by each other's bravery. On the second day, Sohrab knocked Rostam to the ground and as he was about to decapitate him, Rostam played a trick on him and told him: "In Iran, the custom of fighting is that they kill the opponent for the second time and give him a chance." He deceived Sohrab with this. On the third day, Rostam won over Sohrab and tore Sohrab's chest with a dagger. Drowning in blood, Sohrab shouted, "My father Rostam, he will avenge my blood from you." Rostam asked for his address, and he showed his armband, and the world became dark. Rostam sent Godarz to Kay Kavous to give him potion, but the king, fearing the power of father and son, refused to give him potion and Sohrab died.

Tale of Siyavush

In a certain day, it came about that Tus and Giv with other riders of Iran went forth to hunt for forty days feeding in the lands of Turk. Now when they were come into the way, they found alone woman of beauty, and when they had questioned her of her race, and learned that she was of the race of Gersiouz, Afrasiab's brother, each desired to take her and quarreled. They took her by Kay Kavous to decide between them. But Kay Kavous, when he beheld the beauty of the woman, longed after her for himself, and he took her as his woman and gave Giv and Tus great gifts and expensive horses.

Now after many days from marriage of KayKavous and that girl, there was born to her a son named Siyavush. Kay Kavous requested Rostam bare his son into his kingdom (sistan), and trained him in the arts of war and of the banquet. After passing many years, he made great preparations, and marched to Kay Kavous with Siyavush. Then Siyavush stayed in the courts of his father, and seven years did pass in calm; but in the eighth, he gave to him a throne and a crown of Kohestan (the mountain land (transoxiana). It came about that Kay Kavous and Siyavush in a place and when Sudabe (step mother of Siyavush) beheld Siyavush, her soul burned after him and fall in love with him. So, she sent to him a messenger, and invited him to enter the house of the women to might become acquainted with his sisters. But he sent in answer words of excuse. Then Sudabe made complaint to Kay Kavous to convince Siyavash to come, and Siyavush obeyed his commands. When Siyavush went women house, Sudabe said that she falls in love with him. But Siyavush told him that he will never betray his father. Then Sudabe was worth, and she made complaint to Kay Kavous, and she spread evil reports of him throughout the land, and she inflamed the heart of Kay Kavous against his son. The king smelled Siyavush's hand and arm, but he did not feel the scent of Sodabe. So, he became suspicious of Sudabe and wanted to punish her, but he remembered Sudabe's nursing when he was a prisoner of Hamavaran shah. He consulted with the wise men and they considered the solution to be "vargarm8". Siyavush and Sudabe had to go through the fire to determine their innocence and guilt. Siyavush rode a black horse through the fire in a white dress and came out safely. Then an order was issued to kill Sudabe, but the shah pardoned her. Sometime later, the news came that Afrasiab made him ready with one hundred thousand chosen men to fall upon the land of Iran. But when Siyavush heard it, took heart of grace and assumed the command of the battle to escape from the wiles of Sudabe. In that battle, Siyavush won. The battle started for the second time, but Afrasiab dreamed a dream and the wise men interpreted it as saying that if he battles with Siyavush, he will surely fail. So, Afrasiab decided to make peace, but Rostam and Siyavush told him that if he does not intend to trick, he should send a hundred relatives as a hostage to them. so Kay Kavous will be informed and make a decision about hostages. Kay Kavous wrote a letter to Siyavush with a temper and asked him to send the hostages to the capital and attack Turans himself with the army, and also Kay Kavous in a letter to Siyavush told if he does not obey the command, give command to Tus and return to the king. Siyavush,

---

1- verification by fire

who could not return to his father because of Sudabe's wiles, and on the other hand, he has even no decision to kill the innocent hostages, decided to leave the territory and release the hostages. Piran, the minister of Afrasiab, found this work very beneficial and told him: "When Kay Kavous is destroyed, Siyavush will sit the throne instead and will have the honor of our hospitality and the two countries will be united." A big celebration was held for Siyavush's coming in Turan. Garsivaz-Afrasiab brother- was jealous of the love which Afrasiab his brother bares to Siyavush, and of the power that he had; and he pondered in his heart how he might destroy him. After a year, Piran convinced Siyavush to marry either the daughter of Afrasiab or Garsivaz or his own daughter. Siavash agreed to marry Jarireh, the daughter of Piran. After some time, Piran suggested Siyavush to marry Afrasiab's daughter to strengthen his friendship with Toran king. At first, he refused, but he accepted at the insistence of the wise men. Afrasiab did not agree with this alliance, but Piran told him: "The son of Siyavush and Farangis will become king of Iran and Turan, and battle and bloodshed will end." Siyavush married with Farangis and Afrasiab gave a part of Turan to him and Siyavush and his wife built "Gong Dej9" there. Siyavush also built another city with beautiful and magnificent buildings and named it Siyavush Gerd10. He had a son named "Froud" from Jarireh and a son named "Kay Khosro" from Farangis. Sometime later, Afrasiab's brother, Gersiouz, went to beheld Siyavush and Farangis and after returning, he announced that Siyavush was planning to overthrow the government of Afrasiab and equipped an army. In a letter, Afrasiab asked Siyavush to return, but Garsivaz prevented him and He offered to deliver the letter by himself. Garsivaz gave the letter to Siavash and told him: "Afrasiab is trying to kill you, and if you go to the capital alone, you will definitely be killed." He returned to the capital and began to speak ill of Siyavush and told him that Siyavush was no longer his obedient. The next day, Siyavush wore armor under his clothes at the order of Garsivaz and moved to Afrasiab with his army. Siyavush found out about Garsivaz's trick, but he was caught and "Gorvi Zere" and "Demor" beheaded Siyavush. From his blood that dripped on the ground, a plant (tulip) grew, which was called "Khon11-e- Si-

---
1- Castle
1- Name of city
2- Blood

yavushan". Afrasiab commanded Garsivaz to beat Farangis so much that the child in her stomach would die. Piran intervened and told Afrasiab to wait until the baby was born. Piran took Farangis with him to the city of "Khotan" and entrusted him to his wife Golshahr to take good care of Farangis. After Siyavush's son was born, Piran took him to the mountains and he mastered shooting and hunting techniques by the age of ten and then took him back with him to his house. And henceforward was Kay Khosro reared in the bosom of Piran and of Farangis his mother. And the days rolled above their heads in happiness.

Tale of Siyavush's death revenge

When Siyavush was killed by the command of Afrasiab, the news spread whole Iran and there was a week of mourning. On the eighth day, Then Rustem commanded that the army of vengeance be made ready toward capital and swore to avenge Siyavush's death. And he went into the house of the women, and sought for Sudabe, who had given over Siyavush to death. And when he had found her, he plunged his dagger into her heart, then he sent an army equipped with the command of his son "Faramarz" as the leader, and he went after him with a large army. Rostam commanded to behead Afrasiab's son "Sorkhe". The battle between Iran and Turan started. Afrasiab fled again and the Iranians set fire to the Turanian camp. And Afrasiab himself fled until that he came within the borders of China and ordered Piran to kill Kay Khosro, so that he would not come to seek the blood of his father with Rostam. After the escape of Afrasiab, Rostam captured Turan with his army and made Afrasiab's treasury his own and stayed there as the shah of Turan for seven years. One day "Zavareh" went to his brother Rostam and talked about Siyavush's innocence and taking revenge on him and flamed fire of revenge in Rostam's heart. Rostam commanded to destroy all the cities and villages and returned to Iran at the request of the wise men and the possible danger of Afrasiab's attack. Afrasiab returned to Turan to attack Iran. At this time, there was a drought, then it came about one night that Gudarz dreamed a dream. He beheld a cloud heavy, and on the cloud was seated the angel of God said to him "The only way to get rid of the aggressor Turks is when

Kay Khosrow sits on the throne of Iran so that Afrasiab is destroyed.

Rostam's son-in-law Giv searched for Kay Khosrow for seven years until he found him and brought him to Iran with his mother. On the back way, Piran followed them with his army. A battle broke out between Giv and Piran. Giv won this battle and wanted to kill Piran. Because of the good things Piran had done for them, Farangis and Kay Khosrow asked Giv to stop killing him, and he agreed. When Khosrow returned to Iran, everyone went to welcome him except Tus, who deserved himself the successor of Kay Kavous. In order to choose a successor, Kay Kavous Shah decided to send first Tus with Fariborz and then and Kay Khosrow with Gudarz to conquer Bahman Dej(Javdan Dej) and whoever wins will sit on the throne of Iran. Kay Khosrow succeeded in capturing the fortress and became the shah of Iran. One day some people under the command of Tus went to battle to avenge Siyavush's death. Kay Khosrow commanded that in the way to be kind to the farmers and the army should not hurt them. Kay Khosrow asked Tous to go to Turkestan through the desert and not to go through "Kalat" and "Jaram" because Kay Khosrow did not want Tus to face with Jarire and Froud, his brother.

But Tus did not listen to his obey. When Froud heard that a group was going to avenge his father's death, he decided to go with them. Tus was not realistic and thought that his command would be discredited, so he commanded to kill Froud. The army of Tus surrounded Froud's Castle and after the battle between Froud and Bijan-Giv's son, Froud returned to the castle wounded and warned his mother to go to the top of the castle and throw herself down so as not to be captured. Jarirah went to the stable and first tore the horses and then split her chest and died. The troops of Tus were defeated by Afrasiab and once again decided to go to the battle of Afrasiab. They asked Kay Khosrow to send Rostam for aid. Rostam went to their aid and fought with Ashkobus- Afrasiab army leader- and won, and Afrasiab's army fled at night, leaving behind a lot of spoils. At this time, Fariborz asked Rostam to get Kay Khosrow's permission to marry his mother Farangis. Kay Khosrow agreed. One day, there was a celebration in the palace of Kay Khosrow, when it was announced that a zebra would destroy all the horses. Kay Khosrow found that the zebra was a demonic creature and asked Rostam for aid. In Rostam's fight with Zebra, Rostam found that he is "Ekvan Deev". When Rostam fell asleep, Ekvan Deev took that piece from the earth and took it with him to the sky. The demon threatened Rostam and said to him: "I will throw you in the mountains to be torn into pieces or in the sea to be eaten by whales." Rostam, who knew that he was acting in the opposite direction, said to him: "Throw me in the mountain." Because the Chinese believe that whoever dies in the sea will not be saved." Ekvan Deev threw Rostam into the sea. Rostam swam skillfully and saved himself and found his Rakhsh and sent the herd of horses towards Iran. When Afrasiab was informed, he sent some people along with four elephants to look for Rostam. Rostam won the battle with those people and returned to Iran with elephants and horses. On the way to Rostam faced with Ekvan Deev and fought with him and beheaded him and returned to Kay Khosrow.

Tale of Bijan and Manijeh

One day a news spread in the court of Kay Khosrow that a group of people on the border of Iran and Turan had lost their crops due to the attack of boars and were asking for help. Kay Khosrow commanded to granted ten horses and a container full of gold and jewels to anyone who solves this problem. Bijan (Giv's son) volunteered. And Kayi Khosrow granted his request, but he bade him take forth with him Gorgin, the wise in counsel, that he should guide him aright. And Bijan did as the Shah desired, and they set forth unto the land. However, he did not help Bijan in killing the boars and Bijan killed them alone and he parted their mighty teeth from off their heads and that Key Khosrow might behold them to believe his words. Gorgin was afraid that Bijan tell story to king, so he prepared a trap and told Bijan that at this time of the year, Manijeh- Afrasiab's daughter and her maidservants would come there for a visit and suggested that they can be captured. Bijan, who was an inexperienced youth, accepted. At this time, Bijan's heart flamed in the beauty of Manijeh, Afrasiab's daughter, and stood behind a tree and watched her. Manijeh found out about Bijan's presence through her maidservant and invited Bijan to her tent. Bijan introduced himself to Manije as an Iranian warrior, and after three days, Manijeh decided to secretly take Bijan with her to his father's palace,

Afrasiab. Bijan did not accept and Manijeh put sleeping medicine in his food and while he slept the maidens bare him \to the house of Afrasiab. And Manije hid him. Bijan had no choice but to be patient and after a few days the gardener of the palace informed Afrasiab out of fear for his life. At first, he wanted to hang Bijan, when wise men reminded him of the consequences of Siyavush's death, so he ordered Gersiuoz to throw Bijan into a well with his hands tied and block well's door. Afrasiab expelled Manijeh from the palace. Manijeh was forced to beg and fed Bijan from the well and slept by the well at night. Gorgin returned to Iran alone and told a lie to the king. On the first day of the new year, Kay Khosrow saw in cup of Jamshid12 that Bijan is at the bottom of a well in the city of Khotan and asked Rostam for aid to save him. Rostam decided to go there with a group of warriors dressed as merchants. Gorgin was put in prison, but with Rostam's mediation, he also set out to find Bijan. The news came that a caravan came from Iran for trade and Manije went to Rostam. Rostam did not trust her at first and hid his ring in Bijan's food and that food was given to him by Manijeh. After eating, Bijan saw

---

1- Persian cup of divination

Rostam's ring and found that the Iranians had come to save him. Rostam especially ordered Manije to gather a lot of firewood by the well to be their guide at night. Rostam saved Bijan and ask him to forgive Gorgin. He brought Bijan and Manije with him to Iran and defeated Afrasiab who had gone after them with his army. Kay Khosrow gave a beautiful palace to Manije and married with Bijan.

Tale of the Defeat of Afrasiab

A battle broke out between Afrasiab and Kay Khosrow. They stood in front of each other for three days without any attack. Afrasiab sent a messenger to Kay Khosrow asking him to either stop avenging Siavash's death and stop fighting, otherwise Kay Khosrow should fight with Afrasiab's son (Shideh) and Whoever won, would occupy another land. Shideh and Kay Khosrow fought with each other and Shideh was killed by Kay Khosrow and a battle broke out between them. After a few days of night fighting, Afrasiab's army fled. On this occasion, the Iranians rested for five days. Then it was decided to go after the enemy. They marched to Turan and Kay Khosrow said that he would not harm people who did not intend to fight, but in the battle with the rest of the people, the Iranians won and stood up to the tricks and hypocrites. When the news of Turan's defeat reached the Khaqan13 of China, they felt remorse for helping Afrasiab and sent gifts to Kay Khosrow. Afrasiab fled and hid in a cave. One day a man passed by and noticed Afrasiab's presence and tied him by a rope to take him to the king. On the way, Afrasiab, he hid himself in the water. That man suddenly saw Gudarz and Giv and Kay Khosrow the story, and they decided to use Afrasiab's brother's Garsivaz. He started to speak outside the water and Afrasiab came out of the water after hearing his voice outside the water. They punished both of them for their behaviors. At this time, Kay Kavous was nearly one hundred and fifty years old, and after some time he died and Kay Khosrow sat on the royal throne after forty days of mourning. He ruled with justice for sixty years and freed Afrasiab's son and his family and sent them to Turan.

Tale of Kingdom of Luhrasb

For sixty years did Kay Khosrow rule the world in equity and then he left the throne and gave praise to God and there was a call that there is no longer work for him to do on earth and Luhrasb is the best to have the kingdom. Then he gave commandment to Gudarz to spend his treasure for rebuilding the ruins and give the rest to the poor and give "Gange Aroos14" located in Tus to Zal and Rostam and weapons in the palace to Giv and royal ornaments to Tus and armored to Fariborz and A precious necklace with the king's name engraved on it to Bijan. He invited Luhrasb to justise, and then he went to the mountain with Giv, Tus, Bijan, Fariborz and Gestham and told them to rest there for the night because they would not see him again in the morning. He also called out to them to return before the snow fell and before dark, but they were so heartbroken so that they did not notice the passage of time and all five warriors were buried under the snow and died. After a few days, Luhrasb sat on the royal throne and became the king of Iran.

14[1]- Name of a big treasure

Tale of Gushtasp and Katayun:

Luhrasb had two sons. Gushtasp, the elder son, was brave and ambitious, and Zarir, the younger one, was very wise. One day, Gushtasp went to his father and asked him to choose him as the king, but Luhrasb refused and asked him to be patient. Gushtasp abandoned there at night with his army toward India. Zarir beheld him and blamed him for how willing he is to give his future kingdom to the slavery of the Shah of India! He did return regretful, but after a while he abandoned the country again and went to Rome and was a guest in the house of a person named "Hishui". In those days, it was customary that each of the daughters of the emperor who had reached the age of puberty invited the wise men and nobles to the palace on a certain day, and the girl passed in front of them with a bouquet of flowers, and the daughter of the emperor has chosen each of nobles, he has become the king's son-in-law. One night, Caesar's eldest daughter Katayun dreamed a strong young man in her dream and gave him a bouquet of flowers. A few days later, wise men and nobles were invited to the emperor's palace. A large crowd of ordinary people also came to watch. The host also invites the Gushtap to watch the ceremony. When Katayun passed in front of the suitors, she did not consider any of them worthy and gave the bouquet to Gushtasp, who was standing in the crowd watching. The emperor was very angry with his daughter's behavior and ordered to behead both of them. But with the efforts of the nobles, he spared their lives, but threw them out of the palace. Hishui provided them with a house and some facilities. Sometime later, one of the nobles named "Mirin" became the second suitor of Caesar's daughter, and Caesar set the condition of the marriage to kill a predatory wolf that was in the forest of "Fasequn" which caused people's concern.

Mirin requested Gushtasp to do so. Mirin became the second son-in-law.

After some time, another noble named "Ahran" proposed to the third daughter, and this time, Caesar's condition was to kill a dragon on Mount Seqila. Ahran went to Mirin and asked him for help. Mirin introduced Gushtasp, and Gushtasp to do so and killed the dragon and took the dragon's teeth with him to Hishui's house as a precaution. Ahrn became the third son-in-law. After a while; One day, a polo match was held in the city square, and Gushtasp was very capable in this match. Caesar asked his name and sign and he introduced himself and told the story of killing the wolf and the dragon to Caesar and showed the dragon's teeth for his words.

Caesar welcomed him warmly and ordered him to return with Catayun to the palace. Gushtap's name was changed to Farrokhzad. At this time, shah Elias was disobeying the Rome Caesar on the border of Khazovaran, and a battle broke out, and Caesar with the aid of Farrokhzad won. After this victory, Caesar wrote a threatening letter to the Shah of Iran. Shah Luhrasb received the messenger of Caesar with respect and asked the messenger about the situation of the people of that city, and he said that a person has become the son-in-law of Caesar, who is very similar to Gustasp. Before the start of the battle, Gushtasp proposed to go to the Iranian court to observe the affairs closely. The army was very pleased to beheld Gushtasp and told him that his father intended to leave the kingdom to him. When Caesar learned about this, he was very pleased and went to Gushtasp who was sitting on the royal throne. The two kings made a pact of friendship and Caesar sent Catayun with many gifts and the reign of Gushtasp began.

Tale of Esfandiar

Gushtasp sat on the royal throne and became the shah of Iran. Catayun born two sons for his lord. The first son was named "Esfandiar" and the other "Pashotan". Both sons were brave and courageous. One day Zoroaster went to Gushtasp and said to him: "I am God's messenger and I have brought fire from heaven." Gushtasp accepted the religion of Zoroastrianism and following him, all the elders of the country joined the religion of Zoroastrianism. One day, the prophet Zoroaster went to Gushtasp and warned him that he should no longer pay tribute to the court of Arjasb, who was a misguided and unbelieving person. The Gushtasp obeyed. Arjasb declared war. On the first day, Ardeshir, the eldest son of Gueshtasp, went to the field and after killing a large number of Turanians, he was killed. Then Shiro, Gushtasb's son, and then Shidasp went to battle field and were killed. Then Zarir, Shah's brother, entered the field. The Gushtasp was very upset. The news reached Esfandiar and he went to the field with his five brothers and Zarir's son and killed many Turanians. Esfandiar killed Biderafsh, who was one of the enemy's warriors, and the Iranians won. Gushtasp sent thousands of men after Arjasp. He sent Esfandiar as Iran's ambassador to promote the religion of Zoroastrianism toward far and near lands, and Esfandiar returned proudly after a few years. One day, a man named "Gorazm" started to tell bad words about Esfandiyar in front of Gushtasp and told him that Esfandiyar was planning to down his father from the throne of kingdom and become the king of Iran. Gorzam divided between father and son. Esfandiar decided to go to the court, but his father chained and imprisoned him in the fortress for a sin he did not commit. Gushtasp went to the party of Rostam and Zal and stayed in Zabulestan for two years. At this time, Arjasp got the news that no one was left behind except for old Luhrasab and Esfandiar, so he ordered his son "Kohram" to go to Balkh with an army, kill Esfandiar and destroy the whole place. Kohram marched with his army and destroyed Luhrasab.

Tale of Esfandiar's seven labours

Esfandiar and Pashotan marched with a large army until they reached a crossroads. By Esfandiar's order, they brought the captive Turani commander "Gorgsar" and Esfandiar said to him: "You made an agreement with us to show the location of the Roin Dej." If you tell the truth, after killing Arjasp, I will put you as the king of Turan, otherwise, I will kill you." Gorgsar told him that he is loyal and showed the way to Roin Dej t5hrough three routes. The first route was lush and prosperous, but it would take two months. The second route was the desert, but it would take a month. The third route was very dangerous but the fastest way. They chose the third route and had to pass seven labours. In the first labour, there were two wolves that Esfandiar killed them with a sword. In second labour, he fought with two strong lions and won. Third labour was fighting the black dragon. They made a chest with sharp edges on each side then they tied two horses to chest and Esfandiar hid in it and when the dragon wanted to swallow the chest, the sharp tips of the spears prevented him. Then Esfandiar came out of the chest. He killed the dragon. The fourth labour was a sorceress who Esfandiar made her sleep with sleeping syrup and tied her neck with a chain that Zoroaster brought from heaven and killed her. The fifth labour was Simorgh that Esfandiar used the trick of the spear chest again and killed him. The sixth labour was so cold that if they were not buried in the snow, they could reach to the seventh labour. After three days and nights, they succeeded to reach the seventh labour. The 7th labour was a hot and burning desert where the only water was poisonous and only birds could drink from it. Esfandiar and his companions pass through this labour with great difficulty. Before reaching to Ruin Dej, they reach to a swamp that Gorgsar did not mention. Esfandiar suspected Gorgsar and killed him and found out that there were ten years' supply in the Dej and a hundred thousand war soldiers were protecting it. He asked to enter the Dej with a caravan of cloth and jewels dressed as merchants. He had placed one hundred and sixty warriors in boxes. The caravan had been moved by Esfandiar and Pashotan, accompanied by twenty commanders, moved towards the Dej. Esfandiar ordered that if they saw smoke during the day and fire at night, they would attack the Dej. Esfandiar entered the Dej with a caravan and started trading. One day Esfandiar saw his two sisters Humai and Beh Afarid in the market with old and torn clothes and bare feet and told them to be patient so that he could save them. The some days later, Esfandiar went to Arjasp and told him that since he had survived from the storm, he had vowed to hold a lavish party. Arjasep accepted and at the end of the night when all the commanders were tired and sleepy, Esfandiar signaled the Peshtuns with fire and a battle broke out and Esfandiar beheaded Arjasep. The Turkish troops surrendered to Esfandiar, and then he set fire to the Dej and returned to Gushtasp with valuable jewels.

Tale of Battle between Rostam and Esfandiar

Gushtasp, the king of Iran, demanded the fulfilment of the promises that he had made to him the throne if he won the battle with Arjasp. when a little while had been passed in feasting Esfandiar's return, Esfandiar told his mother, Katayun, how he had mistrusted that his father's promises. It was mentioned in Esfandiar's horoscope that his death is near and will be done by Rostam in Sistan. In the next day, Gushtasp said to his son: "If you bring Rostam, the son of Zal, who defied me, I will make you the king of Iran." In response to his request, Esfandiar said: "Rostam is a warrior of warriors and has made many sacrifices to protect the throne, and the condition of defeating him is just an excuse not to hand over the throne to me, but still, I will go to Sistan. Katayun tried to dissuade him, but she did not succeed, and Esfandiar left with his children and a limited army. Esfandiar told his eldest son "Bahman" to persuade Rostam to come on his own and surrender. Bahman went to Rostam and knew that his father was not capable of confronting Rostam, so he gave the message to Rostam. Rostam told him that he did not expect such a message after all his bravery and sacrifice, and he is ready to apologize if he made a mistake. Bahman went to his father and told him about Rostam's masculinity. Esfandiar went to Rostam and asked to surrender so that he can become king. Rostam forbade him from fighting and asked him to give up. But there was no result and the two entered into a battle. It was decided that the armies would not interfere and only the two would compete with each other, when one of the leaders of Rostam's army went forward and insulted Esfandiar's army.

This issue caused the start of a bloody battle and two of Esfandiar's sons were killed. Rostam promised to hand over the cause of this incident to Esfandiar so that Esfandiar would punish him for his actions. But Esfandiar refused and shot an arrow toward Rostam, and Rostam also shot at him with a bow and arrow to defend himself, but Esfandiar was "Armor-clad" and the arrow had no effect on him. Simorgh went to help Rostam and healed his wounds. Simorgh taught him to make an arrow from a tree watered with rose water and throw it into Esfandiar's eyes to kill him. The next day, Rostam once again begged Esfandiar to give up the battle and promised him precious gifts and treasures, but Esfandiar did not do.

So, Rostam put the arrow in his bow and aimed at his eyes and Esfandiar fell on the ground. Rostam went to his bedside and Esfandiar said: "Your victory was not due to chivalry, but due to cunning." Then he asked Rostam to take over the upbringing and education of his son Bahman. In his last words, Esfandiarder named Gushtasp as the cause of his death, and then he died. He sent his body in a coffin to Gushtasp, and he regretted it. Rostam trained Bahman like his son and wrote to Gushtasp in a letter that he had tried his best not to start a battle. Gushtap forgave Rostam and his people. Bahman was named Ardeshir and he became the king of Iran after Gushtasp.

Tale of Rostam and Shaghad

In Shabestan, apart from Rostam's mother, Rudabe, Zal had a beautiful and artistic wife, and they had a son named "Shaghad". It was seen in Shaghad's horoscope that when he grows up, he will cause a great defeat to his family and Iran will mourn. Shaghad was trained by the king of Kabul and was experienced in martial arts, spear throwing and swordsmanship, and the king of Kabul chosed him as a son-in-law. At that time, Kabul was the territory of Pahlavan15 Rostam's government, and ten gold leathers were sent to Sistan as a tax every year. When it was time to pay taxes, king of Kabul thought that because Rostam's brother had become his son-in-law, he would exempt him from paying taxes. But Rostam did not accept and said that he would prefer to be killed than to be disgraced and that I was always a supporter of the Shah of Iran. At the time of tax collection, the assignees went to the king of Kabul and he became very upset and complained to Shahgad, which made him angry with his brother, Rostam. Their resentment caused them to make a dirty plan to destroy Rostam. It was decided that Shah

---

15[1]- Hero

Kabul would hold a party and apparently insult Shah in front of the people, and he would also go to Rostam and persuade him for the punish of Shah Kabul. When Rostam goes to Kabul, shah of Kabul would express his regret and invite him to a thanksgiving ceremony to satisfy Rostam's heart and throw him into a deep well that was dug in advance. Their conspiracy was done and Rostam and his brother "Zavare" did not know that they were on the way toward the well. Rakhsh- Rustam's hourse- noticed the smell of fresh soil and gathered his hands and feet so as not to fall into the well. But Rostam, who was unaware of the existence of the well, forced him to move with a blow of a whip and suddenly he fell into the well. Zavare also died in another well. Rostam kept himself on the edge of the well with his wounded body and when he stood up, he saw Shaghad and king of Kabul happy at the well and found their conspiracy.

Rostam told Shaghad to leave his bow with two arrows by the well in case a lion attacked him in his last moments, he can protect himself. Shaghad put his bow and ax beside the well and hid behind a tree. Rostam saved himself from the well and put the arrow in the bow with all his strength and tied Shaghad with the tree and took his revenge on him. One of Rostam's companions reached himself to Zal safely and told him that Rostam and his brother Zavare had been killed.

He sent Rostam's son "Faramarz" to bring Pahlavan's body and put the bodies of Rostam and Zavare in beautiful coffins.

Rakhsh's body was carried on the back of an elephant and returned to Sistan. Sistan mourned for a year. Due to great sadness, Rudabe stopped eating until she passed out and went to the border of madness. Zal advised her to calm down and to avenge Rostam's death, he sent Farmarz to Kabul with an army. Faramarz arrested king of Kabul and all those who were involved in Rostam's death and took them to the wells and killed them.

Tale of Bahman and Humay Chehrzad

After Esfandiar Ruintan16 failded in the battle with Rostam, he asked Rostam to keep his son Bahman with him and teach him the skills of fighting, horsemanship, shooting and swordsmanship. Although people around Rostam had warned him that this is nourishing a viper in your bosom, Rostam accepted Esfandiar's demand.

He trained Bahman well and then sent him to Gushtasp. But after Rostam was killed, Gushtasp was very old and because of his loyalty to Esfandiar, he chose Bahman as king. A while after Bahman's reign, he decided to attack Sistan to avenge his father's death. Bahman captured Zal and Rudabe, who supported Rostam and raised him as their own child and looted their property. The news reached to Faramarz the Son of Rostam. He marched to Sistan with the army and he also died in this fire of revenge. Bahman regretted his bad behavior towards Zal and Rudabe and released them. After that Bahman, he married a beautiful girl named "Humay Chehrzad". When Humay Chehrzad was six months pregnant, Bahman fell ill and bequeathed to the elders that after him Humay Chehrzad would be his successor until their child was born. After Bahman's death, Humay Chehrzad took his place and liked to behave as king, and when her son was born, she spread rumors everywhere that her son was dead and secretly entrusted him to a nanny to nurse and raise him. When the child was eight months old, Humay ordered that the child be placed in a wooden chest with beautiful cloths and a ruby be tied on the baby's arm. They also put a lot of gold and jewelry in the chest and left it in the river. A man who worked at crossing (a place where clothes were placed on stones to wash) found the chest. The man and his wife, who had just lost their baby, decided to raise the child and name him "Darab". They moved to another city and by buying land and a house they prospered their life. Little by little, Darab grew up and reached puberty. He avoided working and always worked busy in a corner to make a beam. His father left him with a teacher to learn reading and martial arts. One day, Darab went to his father and asked him why he didn't look like him and asked him to tell him the truth. The man's wife told him the truth. Darab went to the border guard of the district with some gems, and the border guard made him work. At the same time, the Romans attacked Iran. Humay assigned his general "Rashanavad" to gather the army, and Darab also joined the army. One day, Humay went to visit the army and saw Darab in the line of the army and was impressed and ordered Rashanavad to give Darab proper weapons and armor. When the Iranian army went to battle the Romans, it rained heavily. And every soldier is taken to a shelter. At this time, Darab went to a ruin and took shelter under an arch and fell asleep. Roshanavad, who had gone to lead the army, heard a voice from the ruins. When Darab is taken out of that ruin, the vault collapses and surprises everyone. Roshanavad asked Darab to tell him his life story. Darab told his story to Roshanavad. They defeated the Romans and returned victorious. After hearing about Darab's story, Humay put him on the royal throne and with the beginning of Darab's reign, the thirty-two-year reign of Humay Chehrzad ended.

Tale of the kingdom of Dara

During the Darab kingdom, which was known for justice and fare, the Arabs under the command of "Shuaib"- one of Arabs commander who other Arabs and Tazian were under his command- attacked Iran, but were defeated by the Iranians. After a while of Darab kingdom, he intended to battle with Rome Caesar. Philgus who was Rome Caesar in that time, asked for peace. Darab's advisers announced the condition of accepting peace by paying tribute and sending "Nahid", the daughter of Caesar, to Darab. Caesar also did. One day, Darab smelled an unpleasant smell from Nahid's mouth, and because of this, he drove her away. Doctors treated Nahid's bad breath with herbal medicine called "Iskander".

Darab did not want her anymore and was unaware of Nahid's pregnancy. So, he sent her to his father Philgus, Caesar of Rome. After nine months, a son was born and he was named "Eskandar" in memory of that herbal medicine. On the same night, a horse gave birth to a white foal in the king's stable, and Caesar took the birth of this foal as a good omen and called Eskandar his son. A young Eskandar became strong. On the other hand, Darab took another wife and had a son named "Dara" from her. After ten years, Darab disappeared and Dara sat on the royal throne. Dara was a hot-tempered youth with a biting tongue. By his order, letters were written to the kings of the neighboring countries in a harsh tone, and it was considered that they should regularly send tribute to Iran, otherwise the king will destroy them. At that time, the Roman Caesar passed away and Eskandar sat on the royal throne, and a wise sage named "Aristotle" taught him the manners of statecraft and royal customs and reminded him that he should never be reckless. He began to rule with justice and kindness. One day, Dara's envoys went to Rome to collect tribute, but Eskandar refused and decided to tour the countries of the world with a large army and inform the generals of his intention. He first went to Egypt. and captured that place and then moved to Iran. The news reached to Dara. They met near the Euphrates. Eskandar went to Dara with ten thousand horsemen, but he introduced himself as Alexander's envoy and told him that The Roman army does not intend to fight with the Iranians and decides to pass through Iran to reach other countries. Dara refused and considered the only way for Eskandar army to pass through is battle. Dara was surprised by Eskandar's manners and asked him if he himself is Eskandar. He denied, but at the same time, the Iranian envoy returned from Rome, and Eskandar quickly ran away from there, and Dara found out about his true identity. Dara sent a group to arrest Eskandar. But they did not succeed and he and his companions returned safely. Eskandar informed his army that Iran's army is not well equipped and experienced. The war started and the two armies fought for seven days. On the eighth day, the battle was left unfinished due to the strong wind. Finally, Dara went to Kerman and retreated and wrote to Eskandar to free the women, children and prisoners. Eskandar responded positively to Dara's letter. But in the meantime, Dara wrote a letter to the ruler of India and asked him for help in fighting against Eskandar. When he heard about Dara's hypocrisy, he attacked the Iranians with his army and Dara escaped with three hundred horsemen. But two of Dara's companions named "Janusyar" and "Mahiar" wounded Dara to kill him and make Eskandar the ruler of Iran. Eskandar went to Dara's bedside and promised him that he would punish those two traitors for their deeds. Before his death, Dara bequeathed that Eskandar should marry his daughter and treat Iranians well and become the king of Iran.

Tale of Eskandar's conquest

After reaching the kingdom of Iran, Eskandar decided that he would not ask for taxes from the people for five years instead, help the poor people. Then he wrote a letter to Delara, Dara's wife, and after expressing his regret for Dara's death, he explained to her that he had no intention of battle and bloodshed, and asked her to send Dara's daughter, Roshanak, to him. They agreed and Eskandar asked his mother Nahid to go to Delara with jewelry and gifts to propose Roshanak. Roshanak and Eskandar got married and at that time a wise king named "Kid" was the king of India. He dreamed numerous and chaotic dreams. A person named "Mehran" heard the description of the king's dreams and said: "Don't worry about these interpretations, but be wise and don't enter to battle with Eskandar." You have four rare things. First: a beautiful and graceful girl. Second: A philosopher who reveals the secrets of the world to you. Third: a wise doctor, who is unique in the world, and fourth: a cup in which the water inside is always pleasant and cold, and no matter how much you drink, it will not run out. The king of India sent those four things to Eskandar and made him very pleased and swore never to invade India. After some time, Eskandar marched with his army to the land of Fur – Region in India which located in Panjab and middle of Chenab and Jahlam rivers- and in a letter asked Fur to become his subordinate and pay tribute and threatened him with war in case of disobedience. Several spies reported that Fur marched for battle with an army of war elephants. The spies drew the shape of elephants on paper, and by the command of Eskandar, the blacksmiths asked for a thousand riders and iron horses and made them in different colors. They filled the rider and the horse with black oil. When the Iron Corps faced the war elephants, at the command of Eskandar, they set fire to the black oil inside the iron riders, and when the elephants caught the horses with their trunks, their trunks burned and fled from the battlefield. The next day, Eskander and Fur were to fight face to face, and whoever won would sit on the throne. He killed Fur and sat on his throne. After a month, Eskandar placed a famous and wise warrior named "Sorg" on the throne of Fur and went to God's house. He killed Khozae, who was a cruel and unjust man and those around him and then sailed to Egypt. The king of Egypt was named Qubtan. He warmly welcomed Eskandar and he stayed in Egypt for a year. At that time, in the city of Andalusia in Spain, a merciful and wise woman named Qidafe ruled. After hearing the news of Eskandar's conquests, that woman sent a painter to Egypt to paint a picture of him and bring it to him. Several time later, Eskandar wrote a letter to Qaidafe that the great God gave him victory over Dara and Fur, and the two victories has made her proud. He also mentioned that his army and wealth are more than her and he can get help from neighboring countries to suppress her. Eskandar moved to Andalusia. On the border of Andalusia, there was a big castle where Qidrush, son of Qaidafe and his wife lived. Eskandar attacked and captured it. He made a plan before the two were brought to him. He put his minister "Bitqun" on the throne and told him to introduce himself as Eskandar and to issue the command to kill the prisoners. And then he mediates as one of the courtiers and asks Bitqun to release them and send himself to Eskandar's ambassador to Qidafe. They did this and Qaidafe welcomed them. Qidrush told the story to his mother and asked her to be obedient and pay tribute to Eskandar. The next day, when Eskandar was taken to the presence of Qidafe at dinner, he carefully looked at Eskandar's face and ordered to bring the pictures that the painter had drawn from the treasury, and then she realized that he is Eskandar himself. But she remained silent and did not say anything. After a few days, Qaidafe called Eskander to the presence. she said to him: "O son of Philqus, you are both a warrior and a goatherd. Eskandar paled and said: "You are wrong, I am his minister." But Qidafe showed him the picture drawn by the painter and he could no longer deny his identity. Qaidafe said: "In our religion, it is not permissible to kill a messenger, and as long as you are here, I will call you Eskandar's messenger, but promise not to go to anyone as a messenger again." Eskandar also swore that he would not harm her or his family. Qaidafe warned Eskandar that one of his sons, Tinoosh, who was Fur's son-in-law, had a grudge against Eskandar for killing Fur, and he should not recognize him. The next day, Eskandar, Qidrush, and Tinoosh went to Qaidafe's presence, and Qidrush asked his mother to send him back in return for the service he had done for them. Qaidafe accepted and asked Eskandar's opinion. He said: "It is better that I return to him with good news before Eskandar attacks Andalusia." Tinoosh got angry and told him that for respect for his mother, He will not behead you and left the place angrily. The next day, Eskandar said to Tinoosh: "I also wish for Eskandar's death, and I can put his hand in yours with a plan, and when I return, you and a thousand horsemen, come with me and lie in wait in a forest." I will tell Eskandar that Qaidafe has sent his son Tinoosh to you with precious gifts. When Eskandar comes, attack him." Before leaving, Eskandar promised Qaidafe that he would never invade Andalusia. Qaidafe consulted with the elders and decided to make peace with Eskandar, then he sent a jeweled crown with a caravan of exquisite gifts with Eskandar. On the other hand, Tinoosh was ambushed by Eskandar with a thousand horsemen. After Eskandar reached his camp, he was welcomed and went to forest with a thousand experienced horsemen and besieged the place. Tinoosh is surprised and the two faced each other. Eskandar said: "I don't intend to break my promise and I promised your mother that I would put Eskandar's hand in yours. Now I have come here because I am Eskandar himself." Then Ekandar moved to the city of "Brahman" with his army. The people there wrote a letter asking why a powerful man like Eskandar is planning to attack the poor people. Eskandar was very surprised and then he gave gifts to the Brahmin- a land in India- people and left until he reached the Eastern Sea. There, many of his army drowned in the water, and many were bitten by scorpions and snakes, and the army marched on until they reached the land of Habashe. There they faced an army of black and strong men who had bones in their hands instead of spears. Eskandar's armies fought with them and killed many of them, then they went to the land of "Narmpayan17". The people there, who had neither weapons nor horses, attacked Es-

---

17[1]- Name of place

kandar's troops with stones and Eskandar's troops confronted them. Then they reached another city and the people there welcomed them and said that a dragon attacks them every day and they should take some animals near the mountain every day so that it eats them and does not attack the city. Eskandar ordered not to take food for the dragon for a few days and killed some big cows and filled their stomachs with black oil and poison and killed the dragon. After a while Eskandar reached a city, whose people were red face and yellow hair. He asked about the wonders of their city and they told him that there is a reservoir beyond their city where the sun goes down in the evening and everything becomes dark. In that darkness, there is a spring of Hayavan water, and whoever drinks from it will have eternal life. Eskandar decided to go there. In this way, "Khidr the Prophet" was his guide, but they reached a crossroads and each went in the same direction. Khidr the Prophet found the water and washed himself in it and drank from it, but Eskandar returned disappointed. Then they moved again and reached another city. The people there went to welcome them and complained to Eskandar about the harassment of Gog and Magog. They said that Gog and Magog are a people with dark skin and hairy body, teeth like boars and pink like camels and ears like elephants that come down from the mountains in the spring and attack their city. Eskandar ordered the blacksmiths to melt copper and zinc and build an iron dam against them and called that "Eskander's dam". The people of the city were happy and brought him many gifts, but he refused and continued on his way until he reached China. "Faghfur" kingdom of China sent many gifts to him and announced that he will avoid war and bloodshed and will be Eskandar's formal bearer. From there, he went to "Send" and destroyed everyone and went to "Yaman". They also obeyed Eskandar and went to the city where they said Khosro's treasure was located, took the treasure and left for Babylon. On that night when they reached Babylon, a strange child was born with a head like a lion, feet like hooves, and a tail like a cow, but he died soon after. Eskandar asked the astrologers the meaning of this event and one of them said that it means the death of Eskandar and the overthrow of his throne. He wrote a letter to his adviser "Aristotle" and told him to make a plan so that the glory of Rome would be preserved after him. In response, Aristotle wrote: You should request the elders of Iran to be present and assign a country or region to each one, because if Iran is not strong, they will attack Iran from Turkey, China, and India, and then they will attack Rome through Iran. Eskandar wrote a letter to his mother and mentioned that if Roshanak gave birth to a son, he would become the king of Iran, and that they would give 100,000 drams from his treasure to the poor every year. After some time, Eskandar died and he was buried in a place called "Eskandarieh18" and the story of Eskandar's life ended in this way.

Tale of Ardeshir

Once upon a time in Iran, the Shah of Iran, Ardvan, was the great ruler of a just and righteous kingdom. During his time, Babak, who was the ruler of Eshtakhr, had a shepherd named Sassan in his service. Babak dreamed one night that Sassan was riding on an elephant and whoever approached him bowing to. When he woke up, his dream was interpreted in such a way that the person he dreamed of will either become king himself or someone from his lineage will reach this position. Babak called Sassan to the presence and asked about his race and descent. Sassan said: "I am a descendant of Dara and a descendant of Bahman son of Esfandiar. By the order of Babak, they prepared a suitable palace for Sassan, and then he made his daughter to marry Sassan. The result of this union was a son who was named Ardeshir.

Ardeshir was brought up in the best way and the reputation of his wisdom and manliness reached Ardvan the Great. Sah asked Babak to send Ardeshir to his court so that he can accompany his sons and reach a suitable position. After a while. One day Ardvan, his sons and Ardeshir went hunting and saw a zebra. Everyone shot, but Ardeshir went ahead and killed the zebra. Ardvan asked: "Who threw this arrow?" Ardvan's son replied: "I am." But Ardeshir got angry and told him that he was lying and that he had hunted the zebra himself. Ardvan was angry with Ardeshir's tone and drove him away and sent him to the stable to take care of the horses. Babak wrote a letter to Ardeshir: "You should have kept your limits and not been arrogant. Now you have to try and convinced the king." He sent the letter to Ardeshir with some dirhams and dinars. Among the king's courtiers, there was a wise and beautiful girl named Golnar, who was the king's advisor because of her wisdom and knowledge. One day Golnar beheld Ardeshir and fell in love with him because of his tall stature and dignity. She went to Ardeshir and introduced herself and told him the secret of her heart. Ardeshir was very happy to have a friend like her. After some time, Babak died in Fars and Shah Ardovan sent, his eldest son, Bahman with an army to Fars to succeed Babak. Shah asked astrologers to see Bahman's horoscope and inform him of future events. The astrologers went to Golnar, the king's adviser, and interpreted the dream as follows: Soon, an ordinary person who is descended from kings will become a ruler. Ardvan was saddened by this prophecy and Ardeshir decided to escape from Ardvan's court together with Golnar. They moved towards Fars and Ardvan sent some people to follow them and they asked different people on the way if those two people have been seen with white and black horses? Someone said: Two riders went to Fars at night and a sheep was with them. The minister said to Ardvan: "That sheep is a sign of the kingdom of Ardeshir, and we must destroy it before it reaches Ardeshir." The king and his companions continued on their way and asked the people again about the two of them. Another said: I saw two horsemen galloping fast and behind one of them was a sheep on a horse. Not long after, Ardeshir built a city next to the reservoir and many people joined him. A wise man suggested to Ardeshir that before the war with Ardvan, he would subdue the Fars army. At that time, a man named Tabak was the ruler of "Jahrom" and he had an equipped army. Tabak went to Ardeshir and swore that he will unite with him to suppress Ardvan. Then Ardeshir went to battle with Bahman by Tabak's aid. Bahman was defeated and fled to India. Ardvan was very upset and marched to Fars with his army. Two armies entered the battle which lasted forty days. A strong wind blew towards Ardvan's army, and the army was unable to continue the battle, and Ardvan was captured by a man named Kharad and killed by the order of Ardeshir. One of Ardvan's three sons fled to India and the other two sons were captured. On Tabak's advice, Ardeshir married Ardvan's daughter so that she could show him the place of his father's hidden treasures. Then he built a city in Fars and named it "Khore19 Ardeshir".

19[1]- A place that Ardeshir built in Fars

Tale of Haftavad's Worm

There was a beautiful city called "Kojaran" by the Pars Sea. Every day, the girls of the city took some food and took the cotton to the mountain slopes to spun the spindle and then took the threads to the city and sold them to help in the household expenses.

There was a man in that city who had one daughter and seven sons, and for that reason he was called "Haftavad". That girl also spun yarn like other girls. One day the girl saw an apple on the ground and picked it up. When she tried to eat it, a worm came out. The girl took the worm and put it in her spindle. She got busy with her daily work. But due to the presence of worm, she spun twice as much as the previous days and took them home. Day by day she brought home more and more income until she and her family became rich. The ruler of the city was jealous of Haftavad, and sent a group to arrest him, but Haftavad and his companions rose up against him and defeated the ruler's envoys and captured the city. Haftavad built a big fortress in Kohsar and became the governor of the city and surrounding areas. The worm was getting bigger and the spindle was narrow.

They built a chest for him, and after Dej was built, they built a basin of stone and clay and changed his food to rice and milk. Haftavad became richer and more powerful day by day. At that time, after defeating the Kurds, Ardeshir attacked Haftavad Dej with an army. Ardeshir was defeated in a war, but he organized the troops again. At this time, a man named Mehrak Noushzad rebelled in Jahrom. Ardeshir first defeated him and then, as a merchant, with seven of his best warriors, with chests of gold and jewels, as well as a chest full of lead and brass, marched towards Haftavad Dej. They introduced themselves as merchants of Khorasan and said that they had brought him gifts because of worm's good fortune. They entered the Dej and poured molten lead into the worm's mouth and a battle ensued. They defeated Haftavad and his army, and Ardeshir built an "Atash Kade"[20] there.

Tale of the kingdom of Ardeshir Babakan

Ardeshir became the king of Iran and married Ardovan's daughter as his wife. Bahman, son of Ardovan fled to India then he wrote a letter to his sister and sent her some deadly poison to poison Ardeshir. Ardeshir's wife mixed the poison with some flour and sugar and made a syrup and gave it to Ardeshir. The cup fell from Ardeshir's hand and the woman was so upset that Ardeshir doubted and put the rest of the syrup in front of the chickens and they died immediately. Ardeshir entrusted his wife to his minister to kill her, but the woman expressed her regret to the minister and told him that she was pregnant so that he stops killing her. The minister sheltered her and named the child "Shapur". Seven years passed and Shapur became seven years old. One day, the minister saw the king in a distressed state and the king said: Fifty years have passed but I have no son to handover the throne. The minister asked the king for safety and told him the truth. To prove his minister's words, Ardeshir ordered Shapur to be thrown to the polo field along with a hundred children of his same age. The children started playing and the king and the ministers watched until the golden ball fell in front of the king's feet. None of them had the courage to go forward, but Shapur boldly went forward and picked up the ball. Ardeshir said: "I am sure that this boy is mine." Some time passed, and Shapur got expert in shooting, riding, and royal manners, and by the order of Ardeshir, they built a city and named it JondiShapur.

Tale of Shapur and Hormuz

During the reign of Ardeshir, it came about that he and his son, Shapur and some companions went outside the city to hunt until they reached a large and beautiful garden. The owner of the garden invited them inside. Shapur went for a walk in the garden, and at the end of the garden, he beheld a girl drawing water from a well with a wheel. The girl recognized him and said: the water of this well is very clear. Let me draw water from the well for you. Shapur said: It is very difficult to draw water with this bucket. He told one of his soldiers to draw a bucket but he could not. Shapur told the girl to draw the water by himself. Shapur asked about the girl's lineage and he said that he did not believe that she was the daughter of the gardener. The girl asked Shapur for safety and said: I am Mehrak Noushzad's daughter who betrayed your father Ardeshir and he also ordered to destroy my family and this gardener supported me." Shapur fell in love with the girl and secretly dated her. He got married and they had a son whom they named Hormuz (Ormazd) and hid his birth from everyone and taught him not to talk about his origin and lineage with anyone. Seven years passed until one day, Ardeshir along with his minister and his army went to hunt near that garden. Some children were playing when the ball fell near Ardeshir's feet. None of them dared to take it until Hormuz took it. Ardeshir praised the child's courage and asked the child about his family. Hormuz said: My father asked me not to tell anyone your name. The child said his name and Ardeshir said that you must be my grandson. Ardeshir asked Shapur about Hormuz and he told his story with Mehrak Noushzad's daughter. Ardeshir said: One day, an Indian astrologer told me that me and my land would not be happy otherwise anyone from Mehrak Noushzad's family marries my child. Now I understand that in the last few years, The good times of our country have been blessed by the existence of Hormuz. Finally, Ardeshir passed away at the age of 80 and Shapur sat on the throne.

Tale of the kingdom of Shapur Ormuzd (Zul-Aktaf)[٢١]

After the death of Ardeshir, his son ,Shapur , Ormazd (Hormuz), Bahram, the son of Ormazd, Bahram, Bah-

21[1]- Possessor of shoulder-blades

ram Bahramian, Narsi, the son of Bahram Bahramian, Ormazd, the son of Narsi, and then Shapur, his son, became the kings of Iran, respectively. When Ormazd, the son of Narsi, died, the throne of the Shah of Iran became unruly. Mobed went to the Shabestan22 of Ormazd and found one of his women is pregnant. He placed the woman on the royal throne and when his child was born, he was named Shapur until he reached the age of the king. A wise man named "Shahrovi" governed the affairs of the country. At the age of seven, he learned the techniques of warfare and moved the capital to Estakhr. At this time, one of the Arab emirs named "Taer" attacked Iran and captured Shapur'S aunt (the niece of Ormazd Shah) and took her as his wife. The result of this marriage was a daughter who was called "Malake". Shapur started a battle with Taer at the age of sixteen. One day, Shapur faced Taer's daughter. And he fell in love with her. Malake sent a message to Shapur through her nanny and wrote that she is interested in him and if he chooses her as his wife, he will take over the Dej. Shapur promised her and they took over the Dej. when Taer beheld his daughter next to Shapur, he understood

22[2]- House of women

the story of her betrayal and said to Shapur: A child who betrays his father, be sure that she will not be loyal to you either. By the order of Shapur, Taer was beheaded. They pierced the shoulder of the Arabs and passed a rope through it. For this reason, Shapur was nicknamed "Zolaktaf". Some time passed and the king decided to go to Rome in the clothes of merchants. He made his minister responsible for running the country. But unfortunately, a bad-tempered Iranian man was in the court of Caesar and he revealed the true identity of Shapur, and by the order of Caesar, they put the skin of a donkey on Shapur's body and imprisoned him in a dark prison, and assigned a woman to give him food and water every day. This woman had a maidservant who was Iranian, and she entrusted her with guarding. One day, an Iranian maid saved Shapur and both of them moved to the border of Iran. On the other hand, after imprisoning Shapur, Qaiser attacked Iran with his army and because the country was without a king, he looted everywhere and killed many Iranians. Shapur and the maid went to a man's house at village, and the king dipped his ring in the mud, and ring's design was imprinted on the mud, and he asked the host to take him to Mobed the Great and not to tell anyone about his presence. Mobed was very happy to see the ring. Some time passed, news was brought to the king that the emperor was busy drinking and his troops were scattered. Shapur marched and attacked Caesar at night with three thousand horsemen and captured him, and then Shapur sat on the royal throne and imprisoned Caesar and attacked Rome with his army. The Romans, who learned about Caesar's captivity, put his younger brother in his place, and he went to the Shapur war with the army, but was defeated in this battle.

he ate. The Roman army appointed a man named "Branush" as Caesar's successor. He was a wise and prudent man and wrote a peace letter to Shapur. Branush agreed to pay tribute to Iran and returned to Iran the cities that were separated from Iran during the time of Caesar. Shapur called the maidservant who had helped him in Rome "Farrokh Pey23" and sent her to his Shabestan and built a city called "Khorram Abad" and another city called "Pirouz Shapur" in Khuzestan for the Roman captives.

Fifty years have passed since Shapur's reign with justice and fair. It came about that, a man from China named

---

23[1]- Blessed

"Mani", who was a skilled painter and portraitist, came to Shapur with a new religion and asked him to convert to his religion. Shah arranged a debate between Mobedan and Mani and finally Mobedan declared that he is a mad man and did not give them any correct and logical answer. So they hanged Mani by command of Shapur so that it would be an example to others. Seventy years have passed since the reign of Shapur. He invited his brother Ardeshir

and asked him to promise that while his son is a child, Ardeshir will take over the affairs and rule with justice.

Tale of Yazdgerd the convict

Once upon a time, Yazdgerd became the king of Iran. In the first years of his reign, he was a just king, but gradually his heart grew darker until he became a cruel ruler. In the eighth year, God gave him a son who was named Bahram. In his horoscope, they saw that he would become a great king and the ruler of seven countries, and they suggested to the king that it would be better for the prince to be educated in a land that is the cradle of science and art under a worthy teacher. They entrusted the child to the guardian of one of the Arab generals. Bahram was brought up in the best way. Munzer entrusted him to three Mobeds, one to teach him how to read, one to teach him the ritual of hunting, and the other to teach him the principles of warfare. Bahram was eighteen years old and was unmatched in all arts. Yazdgerd ordered to take him to the court and gave Munzer 30 thousand dirhams and a horse with a golden saddle as a gift. One day, when Bahram was standing near his father, he closed his eyes for a moment due to fatigue. At the same moment, Yazdgerd saw him and got angry and ordered to throw Bahram into prison, but Tinoosh, the ambassador of Rome, interceded for him and released him from prison and sent him to Munzer. He was very pleased to see him again and gave him a suitable position. At this time, the astrologers announced that the death of Yazdgerd is the time when he would go to the "Su" spring. Yazdgerd said: I will never go to that spring, but Mobed replied that no one can escape from death and it is better to go there and ask God for forgiveness. Yazdgerd moved to the Su spring with some of his relatives. When they reached there, blood flowed from his nose. They treated him for a week until his bleeding stopped. Suddenly, a white horse came out of the spring. Yazdgerd ordered to catch him and take the horse to him, but no one succeeded.

Then he tried to catch the horse, but the horse kicked him hard and killed him, and the horse went into the spring and disappeared.

As Yazdgerd was a cruel man, they decided not to accept his son as a successor. Finally, the royal crown was handed over to Khosro, who was a bright-hearted and wise man. The news reached Bahram and Munzer said: "Kingdom is my right and I must earn it." Munzer supported Bahram's army and on the other hand in Iran, the claimants of the monarchy rebelled. The wise men asked Munzer to help them to organize the country and Munzer said: Your answer is with Bahram. You must obey him as king, otherwise we will fight for thee throne. There was a difference of opinion between who would become the king of Iran and Bahram suggested that you place the royal crown between two ravenous lions, whoever succeeds in taking it, will become the king of Iran. It was agreed between Khosro and Bahram to take the royal crown from between the two lions. Khosro turned to Bahram and said: "I am old and you are young, it is your right." So it is better that you take the crown first."

Bahram went to the field and killed the lions and put the crown on his head and thus became the king of Iran.

Tale of the kingdom of Bahram Gur

When Bahram, the son of Yazdgerd, became the king of Iran, he treated everyone fairly and remained loyal to Zoroastrianism. One day, Bahram went hunting with some elders. He saw an old man on the way. The old man said, "There is a brave and empty-handed man in the city, named Lonbak, who makes a living by sakka[24] and helps others with his wages." But there is another man whose name is Braham, and he is very rich, but he is stingy and narrow-minded and does not help anyone." After some thought, Bahram ordered to announce in the city that no one should buy water from Lonbak. Then he went to Lonbak's house anonymously and introduced himself as a rider from the Shah's army and said that he had no place to rest and asked him to spend the night in his house. Lenobek accepted him with open arms and gave him everything he had in the house. The next morn-

---

[1]- water carrier, someone who distributes or supplies water for a living

ing when Lonbak went to the market, no one bought him water, then with a broken heart, he sold his shirt and bought some food and took it home for his guest. The next day, he kept Bahram in his house and went to the market, and no one bought water from him, so he pledged his musket and his belongings and prepared food and took it to his guest. On the morning of the third day, Bahram thanked him and went to Braham house. He went and asked permission to stay the night there, but Braham told him that his house was small and there was no place for him to stay. Bahram asked for permission to sleep behind the door, but he said that Bahram's horse might break a brick from the dilapidated wall of the house and cause damage. Braham agreed that Bahram did not damage the wall of the house and did not ask for food from him. The next morning Bahram returned to his court and ordered to bring Lonbak and Braham to him. Then he ordered some of his workhorses to be taken to Braham's house and everything he had to Lonbak's house, and he gave four drams to Braham to invest it and gave the rest of his property to the poor.

Bahram often went hunting and hunted deer, zebra and lion in different lands and enjoyed this work. It came about that in the hunting ground, he saw a lot of sheep in the forest and ordered the shepherd to change the grazing place for the sheep because it was not a suitable place. But the shepherd says that they are for a man who has a lot of wealth and a beautiful girl who plays the harp. Bahram took the address of the jeweler from the shepherd and separated from the corps and went alone to his house and asked them to stay there for the night. Mahyar welcomed him with respect and treated him with excellent food. He said: The sound of the harp attracted my attention. The host saiArezoo is my daughter who plays the harp. When Bahram saw her, he liked her dignity very much and proposed her from Mahyar. The girl agreed, and when the host realized that he was Bahram Shah, ehe apologized for his simple hospitality. Since Bahram spent all his time hunting and having fun, he neglected the country's defense situation and Iran's borders remained unguarded. This caused the Khagan of China from one side and the Caesar of Rome from the other side to march to Iran, but Bahram very cleverly defeated both the Khagan of China and the Turks.

An envoy from the Roman Caesar had come to meet Bahram. He came to Bahram and requested Bahram to ask some questions from Bahram's scholars and religious leaders. By the order of the king, Mobed of Mobedan prepared to answer. The envoy asked him, "What is it that you call inside and what is it that you take out?" Mobed answered: "Air". Then he asked: "What is it that is above and below the world?" Mobed said: "Up there is heaven and down there is hell." The envoy asked once again: "What is that whose name is everywhere and everyone obeys him?" Mobed said: "He is wise, and whoever is wise, others obey him." The emissary of Caesar praised Mobed and said: "It is not strange if Bahram Shah demands ransom from the Roman Caesar with all this wisdom and ability." Bahram sent the envoy with precious gifts. One day, the minister said to Bahram Shah: "Apart from Shengol, the king of India, who has made the border of India, China and Iran full of thieves and robbers and oppresses the people, no one is thinking of invading Iran." In a letter to Shengol, the minister invited him to justice and wise behavior, and then the king went to India with his soldiers. When Bahram arrived at the court of India, he introduced himself as the envoy of the Shah of Iran, and then gave the letter of the Shah of Iran to Shengol, who became angry and said: "If it was customary to kill the envoy, I would have cut off your head and sent you to Iran." I will not pay ransom". Bahram said: "The Shah of Iran proposed that if you do not agree with the implementation of the provisions of his letter, then two of the elders of India should sit down to talk with his envoy, and if they win over him in wisdom and tact, Bahram Shah will have nothing to do with India." But if the envoy succeeds, a hundred Indian horsemen will fight him. If they win, they will not demand ransom from India." A little later, two strong fighters came to the parliament and Shengol asked Bahram to test their strength with them.

Bahram defeated them very soon. The next day they went to polo and the king was very surprised to see Bahram's martial arts and strength. King of India said, "You are either Bahram's brother or from his family." Bahram replied, "I am nothing more than an envoy and I must return to Iran as soon as possible." Shengol and his minister wanted Bahram to stay in India and hand over the command of the army to him.

But Bahram did not agree and said: "If Bahram Shah finds out, he will definitely attack India and relations will become more tense." Shangol, who had decided to kill Bahram, told him: "We have a problem in the region, and when you solve our problem, we will allow you to return to Iran." In the region, there are rhinoceros that harms people and the dragon kills people. Bahram fought with rhinoceros and dragon and won over them. Shangol was afraid that the envoy would return to Iran and thought that if he returned, he would tell Bahram information about India, and he would attack India after hearing the envoy's words. The elders forbade Shangol from killing Bahram and he decided to give one of the three girls to the envoy (Bahram). Bahram accepted on the condition that he chooses the girl himself. Bahram chose "Sepinod" and married her, and some time later he revealed his secret to the girl. After a few days, it was time for the public celebration. Bahram stayed at home under the pretext of being sick, and Sepinod excused herself from participating in the celebration to take care of him.

Shangol left the city with ordinary people. Bahram and Sepinod also left the city and went to Iran with Iranian merchants who had come to India for trade. Bahram ruled with wisdom for sixty years and gave his throne to his son, Yazgerd and then died.

Tale of Bahram Chobin and Gordiya

During the reign of Hormuzd, the son of Kasra Anushirvan, Saveh Shah Turkan moved from Herat with a large army to plunder and capture Iran. At that time, a man named Nastuh, who was in the service of the Shah of Iran, told him: “My father Mehran, who spent his life in the service of Kasra Anoushirvan, has a secret that he wants to share with you, so that in this situation, Iran’s problems can be solved.” Mehran was invited to attend. Mehran said: “In your mother’s horoscope, the astrologers said that she will become the queen of Iran and will give birth a son who will become the ruler after Kasra.” He should choose a thin man with a black face, nicknamed Bahram Chobin, as the commander of his army, in order to win and be proud of this battle. The king asked Bahram to accept the command of the army. Bahram Chobin chose forty brave and courageous men among the warriors. Bahram won the battle and took two boards of Yemeni silver and a pair of jeweled earrings for himself from the treasure he had captured. When the property report was read to the king and several items of property were missing, the king was angry and ordered to give Bahram a spindle with some cotton and a blue shirt with red pants and tell him that the king will pull him down from honor and glory. Bahram was sad after receiving the gifts because he did not deserve himself worthy of this insult. Bahram had a younger, but wise sister named Gordiye. She dreamed one night that Bahram was sitting on the throne like a dragon with three heads, three snouts and six eyes. She explained her dream to Bahram and told him that she was afraid that fate would take Bahram from her and said to Bahram: "It is better to give Hormazd's answer with respect and do not intend to confront and fight with him." The Bahram prepared a box full of swords whose tips were bent in opposite of Hormazd's insult, and send to him. Gordiye disagreed and told him: "for being king, you should behave like a king." Even when Iran was without a king, heroes before you like Rostam and Gudarz preferred servitude to relying on the royal throne, and wrong desire leads to a wrong end. Bahram and Izad Gushsab decided to divide between Hormuzd and his son, Khosrow. They minted coins in Khosrow's name so that Hormuzd would think that Khosrow was planning to depose him. It came about that Bahram reported that a wounded man brought him news from Hormuzd. Bahram accepted the man. The man said, "I am one of the companions of Hormuzd's Ghusab religion, who used to come to you with an army." On the way, I found out that he wants to destroy you, then I secretly killed him and his army was divided into two parts. One group went to Khosrow and the other group returned to the capital. The situation in the capital is chaotic and Khosrow fled to Azerbaijan with his companions." Bahram after hearing the words of the man ordered to kill him. At the same time, foreman went to Bahram and reported that "Bandavi" and "Gustham" attacked Hormuzd palace on the side of his niece Khosrow and took the crown from his head and put lust in his eyes and placed Khosrow on the royal throne. A battle started and Khosrow decided to negotiate with Bahram and if he obeys, make him the commander of the army, and if he disobeys, the two armies will go to battle. Gordiye told Bahram many times that the kingship after Hormuzd is his father's right and no one of your ancestors was a king. But Bahram believed that if he was killed in the battle, his troops would take the king's throne from Khosrow and put another person on the throne. Bahram sent Siavushan with an army to pursue Khosrow and sat on the royal throne and announced that anyone who disagrees with his kingdom has three days to go to Khosrow. On the other hand, Qaisar decided to go to battle with Bahram with Khosrow's aid. Provided that the Shah of Iran will not demand ransom from Rome and Khosrow will marry Maryam, the daughter of Caesar. A year has passed since kingdom of Bahram Chobin, when he was informed that Khosrow is coming to Iran with a large army. A hard battle took place. On the first day of the battle the superiority was with Bahram. Khosrow found himself powerless against Bahram and fled to a cave. But he had no way to escape and Bahram told him that he came to the slaughterhouse on his own foot. But at that time, Soroush, the messenger angel, appeared in a green dress and riding a white horse, and took Khosrow into the cave. Khosrow returned to his army and announced that he would forgive anyone who regretted and signed a loyalty agreement with him. The next morning, when Bahram came out of the tent, there were only a few soldiers left in the camp. He and his companions escaped from the battlefield and took refuge in the Turkish Khagan. Khagan accepted Bahram and after some time gave his daughter to Bahram and Bahram decided to fight again. When Khosrow learned of this news, he sent a caravan of gifts to the Khagan and told him: "Bahram is a bad-tempered man and a treaty breaker, and just as he will not be loyal to Hormuzd, he will not be loyal to you either. It is better to hand him over to the Shah of Iran and establish peace and reconciliation between the two countries". But Khagan did not accept Khosrow's request. So Khosrow made another decision. He went to a brave man named Qulun, who had a grudge against Bahram.

Khosrow planned friendship with him and then sent him to kill Bahram. When Qulun arrived at Bahram's army, he introduced himself as an envoy on behalf of Khatun, the Khagan's wife. When Bahram accepted him, he stabbed Bahram and died in the arms of his sister Gordiye. Khagan organized a mourning ceremony for Bahram and after a few months, he sent his brother to Gordiye with a letter in which he wrote: "I will behave with Bahram's family on the same covenant as I did with Bahram, I am asking Gordiye, the wise sister of Bahram, to accept his wife." But Gordiya moved towards Iran with his army because she knew that the connection between Iran and Turkey would not have a happy ending. Khagan sent an army to follow them. The two corps faced each other and Gordiye put on combat uniform and went to the field and defeated Khagan's corps and moved towards Iran. On the other hand, Khosrow Parviz summoned Bandavi from Khorasan for killing his father. On the way to the capital, Gustham learned about the death of his brother Bandavi and did not go to the capital for fear of his life. On the way, he reached Gordiye's army and asked them to come to Khorasan and stay with him because he believed that Khosrow parviz would not show mercy to Gordiye. She accepted and some time later, Gustham proposed to her and they got married. At that time, Gerdavi, another brother of Gordiye, was in the service of Khosrow parviz. So he got a safe-conduct letter from the Shah for Gordiye and his army and sent a message that he should get rid of Gustham and live peacefully in the city of Rey, the city of his ancestors. After consulting with the elders of the army, Gaordiye killed Gustham and went to the court of Khosrow parviz. He accepted Gordiya with respect and asked her to become his wife.

Tale of the kingdom of Shiruye

After Khosrow parviz, Shiruye- son of Khosrow Parviz and Maryam, daughter of Morikious, Byzantine Empire- sat on the royal throne. At that time, Khosrow parviz was in prison, but the elders who had brought Shiruye to power felt threatened by Khosrow parviz's presence. Therefore, they provoked Shiruye and took his consent to kill him in prison. After Khosrow parviz's death, Shiruye expresses his interest in Shirin, Khosrow parviz's wife, and Shirin puts forward the condition of her agreement to hold a celebration. Shiruye accepted her condition, in the celebration place, Shirin criticized Shiruye and expressed her loyalty to Khosrow parviz, then poured poisoned cups for herself and Shiruye, and in this way both of them breath their last.

Tale of kingdom of Porandukht

After Shiruye' death, his son Ardeshir sat on the royal throne and entrusted the command of the army to Piruz Khosrow- one of elders- however he killed Ardeshir. After Ardeshir was killed, " Shahr Braz" who named himself Farayin sat on the throne. After death of third Ardeshir, the throne was on the hands of someone who wasn't from royal family and situation of country got worse. Farayin was very unwise and caused the displeasure of the elders and members of the society, and his brother killed him, and at this time, Iran was left without a king. Purandukht, who was a daughter of the Sasanian family, sat on the royal throne and took revenge on Ardeshir from Piruz Khosrow, but died due to illness. It came about that Azarmdukht sat on the throne. Azarmdukht was a righteous king and invited all elders to judge and the customs of the ancestors. But her reign did not last more than a few months. After Azaramdukht and after the enthronement of several kings, finally the elders and intellectuals, Farrokhzad, the commander of the Iranian army, sat on the throne. But he was also poisoned by his servants and the royal throne came to Yazdgerd from the Sasanian dynasty. Yazdgerd invited the elders to justice, but unfortunately luck was not on his side and Tazian attacked Iran's borders with a huge army under the command of Saadougas. This battle lasted for three days and Rostam Farrokhzad, the commander of the Iranian army, was killed by Saadogas. The news reached Yazdgerd and he, with the advice of elders and intellectuals, prepares an army and goes to Khorasan, but defeated and run away and is killed by the miller, eventually.

The End

پایان

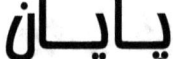

ایران بدون شاه ماند. پوران‌دُخت که دختری از خاندان ساسانیان بود بر تخت شاهی نشست و انتقام اردشیر را از پیروزخسرو گرفت اما خود بر اثر بیماری از بین رفت. در این هنگام آزَرم‌دُخت (آزَرمی‌دُخت) بر تخت نشست. آزَرم‌دُخت، پادشاهی عادل بود و همه‌ی بزرگان را به دادگری و رعایت رسوم آیین پیشینیان دعوت می‌کرد. اما پادشاهی او چند ماه بیشتر طول نکشید. پس از مرگ آزَرم‌دُخت و پس از به تخت نشستن چندین پادشاه، سرانجام بزرگان و اندیشمندان، فرخزاد (فرخ‌هرمز) سالار لشگر ایران‌زمین را بر تخت نشاندند. اما او نیز توسط خدمتکارانش مسموم شد و تخت شاهی به یزدگرد از خاندان ساسانیان رسید. یزدگرد بزرگان را به دادگری و عدالت دعوت می‌کرد اما متاسفانه بخت با او یار نبود و تازیان _اعراب_ با سپاهی عظیم به فرماندگی سَعدوَقاص (سَعد بن اَبی وَقاص) به مرزهای ایران حمله کردند. این نبرد سه روز به طول انجامید و فرخزاد، سالار لشگر ایران به دست سعدوقاص کشته شد. خبر به یزدگرد رسید و او با مشاوره بزرگان و اندیشمندان، لشگری فراهم می‌سازد و به سمت خراسان می‌رود اما شکست می‌خورد و می‌گریزد و به دست آسیابان کشته شد.

پرویز، از شیرُویه، اموالش را که توسط او مصادره شده بود، طلب نمود. شیرُویه که مبهوت زیبایی شیرین شده بود، برای به دست آوردن دل او، اموال و ثروت او را پس داد. سپس شیرین از شیرُویه درخواست نمود تا در دَخمِه شاه را باز کند که می‌خواهد او را ببیند. شیرُویه پذیرفت و در دَخمِه را گشودند و شیرین گریه‌کنان، چهره بر چهره خسرو پرویز نهاد و زهر هَلاهل را خورد و در حالیکه کنار جسد خسرو پرویز نشسته و تکیه بر دیوار داده بود، جان سپرد. شیرُویه از شنیدن خبر مرگ شیرین، بیمار شد و در اثر ضعف ناشی از بیماری، دچار بیماری طاعون شد. مدتی نگذشت که به شیرُویه زهر دادند و او را هم کشتند. بدین صورت هردوی آن‌ها جان به جان آفرین تسلیم می‌کنند.

داستان پادشاهی پوران دُخت

بعد از شیرُویه، پسرش -اردشیر- بر تخت شاهی نشست و فرماندهی لشگر را به پیروزخسرو -یکی از بزرگان- سپرد و پیروزخسرو اردشیر را به قتل رساند. پس از کشته شدن اردشیر، «شهربراز» که لقب خود را «فرایین» نهاده بود، بر تخت شاهی نشست. پس از مرگ اردشیر سوم، سلطنت به دست کسانی افتاد که از خاندان شاهی نبودند و وضع کشور روز به روز بدتر گشت و از هر ایالت ایران، کسی خود را شاه خواند و ایران ساسانی به چنان هرج و مرجی کشیده شد که در تاریخ این خاندان بی‌سابقه بود. فرایین بسیار بی‌خِرَد بود و باعث نارضایتی بزرگان و افراد جامعه شد و برادرش او را به قتل رساند و در این زمان

برادرش بَندوی مطلع شد و از ترس جانش به پایتخت نرفت. او در مسیر به سپاه گُردیه رسید و از او خواست که به خراسان بیایند و نزد او بمانند زیرا که معتقد بود خسرو پرویز به گُردیه رحم نخواهد کرد. گُردیه پذیرفت و مدتی بعد گُستهم از او خواستگاری کرد و آن دو ازدواج کردند. در آن زمان، «گُردوی» برادر دیگر گُردیه در خدمت خسروپرویز بود. پس امان نامه‌ای از شاه برای گُردیه و سپاهش گرفت و پیغام داد که باید گُستهم را از بین ببرد و در شهر رِی، شهر آبا و اجدادی با آرامش زندگی کند. گُردیه پس از مشورت با بزرگان سپاه، گُستهم را کُشت و به دربار خسروپرویز رفت. خسروپرویز گُردیه را با احترام پذیرفت و از او خواست تا همسر او شود.

داستان پادشاهی شیرویه

بعد از خسرو پرویز، شیرُویه ـ پسر خسرو پرویز و مریم دختر موریکیوس، امپراتور بیزانس ـ بر تخت شاهی نشست. در این هنگام خسرو پرویز به دلیل شورش و توطئه برخی بزرگان دربار، در زندان بود. اما بزرگانی که شیرُویه را به قدرت رسانده بودند، از حضور خسرو پرویز احساس خطر می‌کردند. بنابراین شیرویه را تحریک کردند و رضایت او را برای قتل خسروپرویز گرفتند. بعد از مرگ خسرو پرویز، شیرُویه به شیرین ـ همسر خسرو پرویز ـ ابراز علاقه می‌کند و شیرین شرط موافقت خود را گرفتن مهمانی مطرح می‌کند. شیرویه شرط را پذیرفت و در آن مهمانی، شیرین به نکوهش از شیرُویه پرداخت و با ابراز وفاداری به خسرو

خاقان، بهرام را پذیرفت و مدتی بعد دخترش را به بهرام داد و بهرام دوباره تصمیم به جنگ گرفت. هنگامی که خسرو از این خبر مطلع شد، کاروانی از هدایا نزد خاقان فرستاد و به خاقان گفت: «بهرام، مردی بدسرشت و پیمان‌شکن است و همانطور که به هرمزد وفادار نماند، به شما هم وفادار نخواهد ماند. بهتر است او را تسلیم شاه ایران کند و صلح و آشتی بین دو کشور برقرار سازد». اما خاقان، خواسته‌ی خسرو را نپذیرفت. پس خسرو تصمیم دیگری گرفت. او سراغ مرد دلیری به نام «قُلون» رفت که از بهرام کینه به دل داشت. خسرو با او طرح دوستی ریخت و سپس او را برای کشتن بهرام فرستاد. وقتی قُلون به لشکرگاه بهرام رسید، خود را قاصدی از طرف «خاتون» همسر خاقان معرفی کرد. هنگامی که بهرام او را به حضور پذیرفت، با خنجری بهرام را از پای درآورد و بهرام در آغوش خواهرش گُردیه ، جان سپرد. خاقان مراسم سوگواری برای بهرام ترتیب داد و پس از چند ماه، برادرش را با نامه‌ای نزد گُردیه فرستاد که در آن نوشته بود: «من در نگهداری خانواده‌ی بهرام بر همان عهد و پیمانی هستم که با بهرام بوده‌ام و از گُردیه خواهر خِرَدمند بهرام تقاضا دارم همسری او را بپذیرد». اما گُردیه با سپاه خود به طرف ایران حرکت کرد، زیرا می‌دانست که پیوند ایران و تُرک سرانجام خوشی ندارد. خاقان سپاهی را به دنبال آن‌ها فرستاد. دو سپاه با هم رو به رو شدند و گُردیه لباس رزم پوشید و به میدان رفت و سپاه خاقان را شکست داد و به سمت ایران حرکت کرد. از سوی دیگر خسرو پرویز، بَندوی را به خاطر قتل پدرش، گُشت و گُستهم را از خراسان احضار کرد. گُستهم در راه پایتخت از کُشته شدن

چشمانش میل گداخته‌اند و خسرو را بر تخت شاهی نشانده‌اند. جنگی شروع شد و خسرو تصمیم گرفت با بهرام مذاکره کند و اگر تسلیم و مطیع شد، بپذیرد او را فرمانده سپاه کند و اگر سرکشی کند، دو سپاه، وارد جنگ شوند. گُردیه بارها با بهرام صحبت کرد که پادشاهی بعد از هُرمزد حق خسرو است و کسی از نیاکان تو شاه نبوده است. اما بهرام معتقد بود که اگر در جنگ کشته شود سپاهیانش تخت شاه را از خسرو خواهند گرفت و فرد دیگری را بر تخت می‌نشانند. بهرام، سیاوشان را با سپاهی به تعقیب خسرو فرستاد و خود بر تخت شاهی نشست و اعلام کرد که هرکس که با شهریاری او مخالف است سه روز مهلت دارد تا نزد خسرو برود. از سوی دیگر قیصر روم تصمیم گرفت که به کمک خسرو به جنگ با بهرام برود. مشروط بر اینکه شاه ایران ـ خسرو ـ از روم باج نخواهد و خسرو با مریم ـ دختر قیصر ـ ازدواج کند. یک سال از شهریاری بهرام چوبینه گذشت که به او خبر آمد خسرو با سپاهی بزرگ به ایران می‌آید. جنگی سخت در گرفت. در روز اول جنگ برتری با بهرام بود. خسرو خود را در مقابل بهرام ناتوان دید و به طرف غاری گریخت. اما راه فراری نداشت و بهرام به او گفت که با پای خود به قتلگاه آمده است. اما در آن زمان سروش فرشته‌ی پیام آور، با لباسی سبز و سوار بر اسب سفید، ظاهر شد و خسرو را به درون غار برد. خسرو نزد سپاه خود بازگشت و اعلام کرد که هرکس نادم و پشیمان باشد و با او پیمان وفاداری ببندد خواهد بخشید. صبح روز بعد هنگامی که بهرام از خیمه بیرون آمد، فقط تعداد کمی از سربازان در لشگر مانده بودند. او با همراهان از میدان جنگ گریختند و به خاقان تُرک پناه بردند.

با سه سر، سه پوزه و شش چشم بر تخت نشسته است. او برای بهرام خوابش را تعریف کرد و به او گفت که می‌ترسد سرنوشت، بهرام را از او بگیرد و به بهرام گفت: «بهتر است پاسخ هُرمزد را با احترام بدهی و قصد مقابله و جنگ با او ننمایی». بهرام صندوقی پُر از شمشیرهایی که نوک آن‌ها خم شده بود آماده کرد و به تلافی توهین هُرمزد، آن شمشیرها را برای او فرستاد. گُردیه مخالف بود و به او گفت: «بدان که برای پادشاه بودن، باید از نژاد شاهان باشی. پیش از تو، پهلوانانی مانند رستم و گودرز، حتی زمانی که ایران بدون شاه بود، بندگی را بر تکیه کردن بر تخت پادشاهی ترجیح دادند. بدان آرزوی نادرست، سرانجام نادرستی دارد!». بهرام و ایزَد گُشَسب تصمیم گرفتند که بین هُرمزد و پسرش خسرو، نِفاق و دشمنی بیندازند. آن‌ها سکه‌هایی را به نام خسرو ضرب کردند که هُرمزد فکر کند خسرو قصد برکناری او را دارد. روزی به بهرام خبر دادند که مردی زخمی از هُرمزد برایش خبری آورده است. بهرام مرد را به حضور پذیرفت. مرد گفت: «من از همراهان آیین گُشَسب ـ وزیر هُرمزد ـ هستم که با سپاهی به سوی تو می‌آمدیم. در راه متوجه شدم او می‌خواهد شما را از بین ببرد، سپس من نیز مخفیانه او را کشتم و سپاه او دو قسمت شدند. گروهی نزد خسرو رفتند و گروه دیگر به پایتخت برگشتند. اوضاع پایتخت پر آشوب است و خسرو با همراهان به آذربایجان گریخته است». بهرام پس از شنیدن سخنان مرد، دستور داد او را به قتل برسانند. در همان زمان پیشکاری نزد بهرام رفت و خبر داد که «بَندوی» و «گُستَهم» به جانبداری از خواهرزاده خود ـ خسروـ به قصر هُرمزد حمله کرده و تاج از سرش برداشته‌اند و در

داستان بهرام چوبینه و گُردیه

در زمان پادشاهی هُرمزد (پسر کسری انوشیروان)، ساوه ـشاه ترکان- از راه هرات با لشگری انبوه به قصد غارت و تصرف ایران، حرکت کرد. در آن زمان مردی به نام نَستوه که در خدمت شاه ایران بود به او گفت: «پدرم مهران، که در خدمت کسری انوشیروان عمر خود را سپری کرده است، رازی دارد که می‌خواهد با شما در میان بگذارد تا در این اوضاع، مشکلات ایران را بر طرف کند». مهران را به حضور خواستند. مهران گفت: «در طالع مادرتان، منجمان گفتند که او ملکه‌ی ایران می‌شود و پسری به دنیا می‌آورد که پس از کسری انوشروان، فرمانروا خواهد شد. او باید مردی لاغر اندام و سیاه چهره، ملقب به بهرام چوبینه را به سرداری سپاه خود انتخاب کند تا در این جنگ پیروز و سربلند شود. شاه از بهرام خواست که فرماندهی سپاه را بپذیرد. بهرام چوبینه از میان لشکریان، چهل مرد جنگو و دلیر را انتخاب کرد. بهرام در جنگ پیروز شد و از گنجینه‌ای که تصاحب کرده بود، دو تخته‌ی برد یمانی (برد یمانی: نوعی پارچه‌ی گران‌بها که در یمن تولید می‌گردد) و یک جفت گوشواره جواهر را برای خود برداشت. هنگامی که گزارش اموال را برای شاه خواندند و چند مورد از اموال در آن‌ها نبود، شاه خشمگین شد و دستور داد که دُوکی با مقداری پنبه و پیراهنی کبود رنگ با شلواری سرخ به بهرام بدهند و به او بگویند که شاه او را از تخت بزرگی به زیر خواهد کشاند. بهرام پس از گرفتن هدایا غمگین شد، زیرا خود را لایق این توهین نمی‌دانست. بهرام خواهری کوچکتر، اما خِرَدمند و فرزانه به نام گُردیه داشت. گُردیه شبی در خواب دید که بهرام، مثل اژدهایی

روابط تیره‌تر می‌گردد». شَنگُل که تصمیم گرفته بود بهرام را بکشد، به او گفت: «ما در منطقه دچار مشکل هستیم و هر وقت مشکل ما را بر طرف کردی به تو اجازه‌ی بازگشت به ایران را می‌دهیم.» سپس ادامه داد: در منطقه، کرگدنی وحشی وجود دارد که به مردم آسیب می‌رساند و اژدهایی که جان مردم را می‌گیرد. بهرام با کرگدن و اژدها جنگید و بر آن‌ها پیروز شد. شَنگُل از این که فرستاده به ایران باز گردد واهمه داشت و فکر می‌کرد که اگر بازگردد اطلاعاتی را در مورد هند برای بهرام بازگو می‌کند و او پس از شنیدن سخنان فرستاده، به هند حمله خواهد کرد. بزرگان شَنگُل را از کشتن بهرام منع کردند و او تصمیم گرفت تا یکی از سه دختر را به فرستاده ـ بهرام ـ بدهد. بهرام به شرط آن که خودش دختر را انتخاب کند، پذیرفت. بهرام، «سَپینود» را انتخاب کرد و با او ازدواج کرد و مدتی بعد رازش را برای دختر فاش کرد. بعد از چند روز، زمان جشن عمومی فرا رسید. بهرام به بهانه‌ی بیمار بودن در خانه ماند و سَپینود برای پرستاری از او، از شرکت در جشن عذرخواهی کرد. شَنگُل با مردم عادی، شهر را ترک کردند. بهرام و سَپینود نیز از شهر خارج شدند و با بازرگانان ایرانی که به قصد تجارت به هند آمده بودند، راهی ایران شدند. بهرام شصت سال با خِرَد پادشاهی کرد و تاج و تخت خود را به فرزندش «یَزدگرد» سپرد و دار فانی را وداع گفت.

از قیصر روم باج بخواهد، عجیب نیست». بهرام فرستاده را با هدایایی ارزنده روانه کرد. روزی وزیر به بهرام‌شاه گفت: «به غیر از شَنگُل ـشاه هندوستانـ که مرز هند، چین و ایران را از دزد و غارتگر پر آشوب کرده و به مردم ستم می‌کند، کسی به فکر تجاوز به ایران نیست. وزیر طی نامه‌ای به شَنگُل، او را به عدالت و رفتار خردمندانه دعوت کرد و نامه را به بهرام‌شاه داد و بهرام، همراه سربازانش به سمت هند روانه شد. هنگامی که بهرام به دربار هندوستان رسید، خود را فرستاده‌ی شاه ایران معرفی کرد و نامه‌ی شاه ایران را به شَنگُل داد و او هم خشمگین شد و گفت: «اگر کُشتنِ فرستاده رسم بود، سر از تنت جدا می‌کردم و به ایران باج نمی‌دهم». بهرام گفت: «شاه ایران پیشنهاد کرد که اگر با اجرای مفاد نامه‌ی او موافق نیستید، دو نفر از بزرگان هند با فرستاده‌ی او به گفت و گو بنشینند و اگر در خِرَد و تدبیر بر او پیروز شدند، بهرام‌شاه با هندوستان کاری نخواهد داشت اما اگر فرستاده موفق شد، صد سوار هندی با او مبارزه کنند. اگر آنان پیروز شدند، از هند باج نخواهند خواست». اندکی بعد دو پهلوان نیرومند به مجلس آمدند و شَنگُل از بهرام خواست تا با آن‌ها زور آزمایی کند. بهرام خیلی زود آن دو را شکست داد. روز بعد به چوگان رفتند و شاه از دیدن قدرت و هنرنمای رزمی بهرام بسیار متعجب شد. شاه هند گفت: «تو یا برادر بهرام هستی یا از خاندان او». بهرام پاسخ داد: «من فرستاده‌ای بیش نیستم و باید هرچه زودتر به ایران باز گردم». شَنگُل و وزیرش می‌خواستند تا بهرام در هند بماند و فرماندهی سپاه را به او بسپارند. اما بهرام موافقت نکرد و گفت: «اگر بهرام‌شاه مطلع شود، حتماً به هند حمله خواهد کرد و

زیبایی به نام آرزو که چنگ می‌نوازد. بهرام نشانی مرد گوهرفروش را از چوپان گرفت و از سپاه جدا شد و به تنهایی به طرف خانه او رفت و از آن‌ها خواست که شب را آنجا بماند. ماهیار با احترام از او استقبال کرد و با غذاهای عالی از او پذیرایی کرد. او گفت: صدای چنگ توجه مرا به خود جلب کرد. میزبان گفت: نوازنده‌ی چنگ، دختر من ـآرزوـ است. بهرام که دختر را دید، از وقار او بسیار خوشش آمد و او را از ماهیار خواستگاری کرد. دختر موافقت کرد و وقتی میزبان متوجه شد که او بهرام‌شاه است، از پذیرایی ساده‌اش عذر خواهی کرد. از آنجا که بهرام تمام زمان خود را صرف شکار و تفریح می‌کرد، از اوضاع دفاعیه کشور غافل شد و مرزهای ایران بی‌نگهبان ماند. این موضوع باعث شد که خاقان چین ـتُرکانـ از یک سو و قیصر روم از سوی دیگر به ایران لشکر کشیدند اما بهرام خیلی زیرکانه هم خاقان چین و هم تُرکان را شکست داد. فرستاده‌ای از قیصر روم آمده بود تا بهرام را ملاقات کند. او نزد بهرام رسید و از بهرام خواست تا چند سوال از دانشمندان و موبدان بهرام بپرسد. به دستور شاه، موبد موبدان آماده‌ی پاسخ شد. فرستاده از او پرسید: «آن چیست که به درون می‌خوانی و آن چیست که بیرونش می‌کنی»؟ موبد پاسخ داد: «هوا». سپس پرسید: «آن چیست که در بالا و پاین جهان قرار دارد»؟ موبد گفت: «در بالا بهشت و در پایین دوزخ است». فرستاده بار دیگر پرسید: «آن چیست که نامش همه جا هست و همه از او فرمان می‌برند»؟ موبد گفت: «خِرَد است و هر که خردمند باشد، دیگران فرمانبردار او هستند». فرستاده‌ی قیصر موبد را تحسین کرد و گفت: اگر بهرام‌شاه با این همه خرد و توانایی

خود را سواری از سپاه شاه معرفی کرد و به گفت جایی برای استراحت ندارد و از او خواست که شب را در منزلش سپری کند. لُنبَک با رویی گشاده او را پذیرفت و هرچه در خانه داشت را برایش مهیّا کرد. صبح روز بعد که لنبک به بازار رفت، هیچکس از او آب نخرید. سپس با دلی شکسته، پیراهن خود را فروخت و کمی غذا خرید و برای مهمانش به خانه برد. روز بعد نیز بهرام را در خانه خود نگه داشت و به بازار رفت و هیچکس از او آب نخرید و او مُشک و وسایل خود را گرو گذاشت و غذا تهیه کرد و برای مهمانش برد. صبح روز سوم بهرام از او تشکر کرد و به خانه‌ی بَراهام رفت و اجازه خواست تا شب را در آنجا بماند اما براهام به او گفت که خانه‌اش کوچک است و جایی برای ماندن او ندارد. بهرام اجازه خواست تا پشت در بخوابد اما او گفت که ممکن است اسب بهرام خشتی از دیوار فرسوده خانه را بکند و زیان برساند. در نهایت، براهام قبول کرد که بهرام هیچ خسارتی به دیوار خانه نزد و از او غذا نخواهد. صبح روز بعد بهرام به قصر بازگشت و دستور داد تا لُنبَک و براهام را نزدش آورند. سپس دستور داد تا چند اسب بارکش را به خانه براهام ببرند و هرچه دارد را به خانه لُنبَک ببرند و چهار درم به براهام داد تا آن را سرمایه کند و بقیه دارایی او را به فقرا بخشید. بهرام مرتب به شکار می‌رفت و در سرزمین‌های مختلف، آهو، گورخر و شیر شکار می‌کرد و از این کار لذت می‌برد. روزی در شکارگاه، تعداد زیادی گوسفند در بیشه دید و به چوپان دستور داد تا محل چَرای گوسفندان را تغییر دهد زیرا مکان مناسبی نبود. اما چوپان گفت که آن‌ها برای مردی است گوهرفروش به نام ماهیار که ثروت زیادی دارد و دختر

در ایران هم مدعیان سلطنت، هر یک شورش کردند. خردمندان از منذر خواستند او برای سر و سامان دادن کشور به آن ها کمک کند و منذر گفت: پاسخ شما با بهرام است. باید به شاهی او گردن نهید. در غیر این صورت ما برای رسیدن به تاج شاهی خواهیم جنگید. بین اینکه چه کسی شاه ایران شود، اختلاف نظر بود و بهرام پیشنهاد کرد که تاج شاهی را بین دو شیر درنده قرار دهید، هرکس موفق شد آن را بردارد او شاه ایران خواهد شد. قرار شد خسرو و بهرام، تاج شاهی را از میان دو شیر بردارند. خسرو رو به بهرام گفت: «من پیرم و تو جوان! شاهی، حق توست. پس بهتر است اول تو تاج را برداری». بهرام به میدان رفت و شیرها را کشت و تاج را بر سر نهاد و به این ترتیب پادشاه ایران شد.

داستان پادشاهی بهرام گور

وقتی بهرام پسر یزدگرد، پادشاه ایران شد، با همه، با عدل و داد رفتار کرد و به آیین زرتشت وفادار ماند. روزی بهرام با چند تن از بزرگان به شکار رفت. در راه پیرمردی را دید. پیرمرد گفت: «در شهر مردی است جوانمرد و تهی‌دست، به نام لُنبَک که با سقّایی ـسقّایی: فروش آب- روزگار می‌گذراند و از مزد کارش به دیگران هم کمک می‌کند. همچنین مرد دیگری نیز هست که نامش بَراهام است و بسیار ثروتنمند اما بخیل و تنگ‌نظر است و به هیچکس یاری نمی‌رساند». بهرام پس از کمی تأمل و تفکر، دستور داد که در شهر اعلام کنند که هیچکس نباید از لُنبَک آب خریداری کند. سپس به صورت ناشناس به خانه لُنبَک رفت و

جنگاوری به او بیاموزد. بهرام هجده ساله شد و در همه‌ی هنرها، بی‌همتا بود. یزدگرد فرمان داد تا او را به دربار ببرند و به منذر برای قدردانی سی هزار دِرَم و اسب با زین زرین هدیه داد. روزی بهرام هنگامی که نزد پدرش ایستاده بود در اثر خستگی، لحظه‌ای چشم بر هم گذاشت. در همان لحظه یزدگرد او را دید و خشمگین شد و دستور داد تا بهرام را به زندان بیندازند اما طینوش سفیر روم، شفاعت او را کرد و او را از زندان رهانید و او را نزد مُنذِر فرستادند. مُنذِر از دیدن دوباره‌ی او بسیار خشنود شد و به او جایگاه و مقامی مناسب داد. در این زمان منجمان خبر دادند که مرگ یزدگرد زمانی خواهد بود که به طرف چشمه‌ی «سو» برود. یزدگرد گفت: هرگز به آن چشمه نخواهم رفت اما موبد پاسخ داد کسی را از مرگ گریزی نیست و بهتر است که به آنجا برود و از خدا طلب مغفرت کند. یزدگرد با چند تن از نزدیکان، به طرف چشمه‌ی سو حرکت کرد. هنگامی که به آن جا رسیدند از بینی او خون روان شد. یک هفته او را مداوا کردند تا خونریزی‌اش قطع شد. ناگهان از چشمه، اسب سفیدی بیرون آمد. یزدگرد دستور داد تا او را بگیرند و نزد او ببرند اما هیچ‌کس موفق نشد. سپس خود سعی کرد اسب را بگیرد اما اسب به او لگد محکمی زد و او را کشت و اسب به درون چشمه رفت و ناپدید شد. چون یزدگرد مردی ظالم بود، تصمیم گرفتند فرزندش را به هیچ وجه به عنوان جانشین نپذیرند. سرانجام تاج شاهی را به خسرو که مردی روشن دل و خردمند بود، سپردند. خبر به بهرام رسید و به منذر گفت: «پادشاهی حق من است و باید آن را من به دست آورم.» منذر با سپاهی بهرام را پشتیبانی کرد و از طرفی

شهری دیگر به نام «پیروز شاپور» بنا کرد. پنجاه سال از پادشاهی با عدل و داد شاپور گذشت. روزی مردی از چین به نام «مانی» که نقاش و صورتگری ماهر بود، با دینی نو، نزد شاپور آمد و از او خواست تا به دین او در آید. شاه مجلسی مناظره بین موبدان و مانی ترتیب داد و در نهایت موبدان اعلام کردند که او مردی دیوانه است و هیچ پاسخ صحیح و منطقی به آنان ارائه نداده است. پس به دستور شاپور، مانی را به دار آویختند تا عبرت سایرین گردد. هفتاد سال از پادشاهی شاپور گذشت. او اردشیر ـبرادرشـ را، به حضور خواست و از او قول گرفت تا زمانی که پسرش کودک است، اردشیر زمام امور را به دست بگیرد و با عدل و داد حکومت کند.

داستان پادشاهی یَزدگرد بزه گر

روزگاری یزدگرد پادشاه ایران شد. او در سال‌های اول سلطنتش، پادشاهی عادل بود اما به مرور تیرگی قلبش بیشتر شد. تا اینکه تبدیل به فرمانروایی ظالم شد. در سال هشتم، خداوند پسری به او داد که او را بهرام نامیدند. در طالع او دیدند که او پادشاهی بزرگ و فرمانروای هفت کشور خواهد شد و به پادشاه پیشنهاد کردند که بهتر است شاهزاده در سرزمینی که مهد علم و هنر است، نزد معلمی شایسته تربیت شود. آن‌ها فرزند را به مُنذِر (مُنذِر: نصیحت‌کننده و پند دهنده) یکی از سرداران عرب سپردند. بهرام به بهترین شکل تربیت شد. مُنذِر او را به سه موبد سپرد تا یکی خواندن، یکی آیین شکار و دیگری اصول

اصلی شاپور را فاش کرد و به دستور قیصر بر تن شاپور، پوست خری کشیدند و او را در زندانی تاریک زندانی کردند و زنی را مأمور کردند تا هر روز به او آب و غذا بدهد. این زن کنیزی داشت که ایرانی بود و زن کار نگهبانی را به او سپرد. روزی کنیز ایرانی، شاپور را نجات داد و هر دو به طرف مرز ایران حرکت کردند. از آن سو، قیصر پس از به بند کشیدن شاپور، با سپاهش به ایران حمله کرد و چون کشور بدون شاه بود، همه جا را غارت کرد و ایرانیان زیادی را کشت. شاپور و کنیز، به خانه مردی در دِه رفتند و شاه انگشتر خود را بر روی گِلی فرو کرد و طرح انشگتر بر گِل نقش بست و او از میزبان خواست تا گِل را نزد موبد بزرگ ببرد و از حضور او به کسی سخن نگوید. موبد با دیدن نقش انگشتر، بسیار شاد شد. مدتی گذشت، برای شاه خبر آوردند که قیصر مشغول عیش و نوش است و سپاهیانش پراکنده‌اند. شاپور با سه هزار سوار شبانه به قیصر حمله کرد و او را اسیر کرد و سپس شاپور بر تخت شاهی نشست و قیصر را زندانی کرد و با سپاهش به روم حمله کرد. رومیان که از اسارت قیصر مطلع شدند، برادر کوچکترش را به جای او نشاندند و او با سپاه به جنگ شاپور رفت اما در این جنگ شکست خورد. لشکریان روم مردی به نام «برانوش» را جانشین قیصر کردند. او مردی خردمند و با تدبیر بود و نامه‌ی صلحی به شاپور نوشت. برانوش پذیرفت که به ایران خراج به پردازد و شهرهایی که در زمان قیصر از ایران جدا شده بودند را، دوباره به ایران بازگرداند. شاپور کنیزی که در روم به او کمک کرده بود را «فرّخ پی» نامید و او را به شبستان خود فرستاد و در خوزستان برای اسیران رومی شهری به نام «خرّم آباد» و

ـ پسر بهرام بهرامیان ـ، بعد از نَرسی، اُورمَزد پسر نرسی و بعد از اورمزد، شاپور پسر او، شاه ایران شدند.

هنگامی که اُورمَزد ـ پسر نَرسی ـ در گذشت، تخت شاه ایران بی‌فرمانروا شد. موبد به شبستان اورمزد رفت و یکی از زنان او را باردار یافت. او زن را بر تخت شاهی نشاند و وقتی فرزندش به دنیا آمد او را شاپور نامیدند. تا او به سن پادشاهی برسد، موبدی خردمند به نام «شَهرُویِ» به اداره امور کشور پرداخت. او در هفت سالگی فنون جنگ‌آوری را آموخت و پایتخت را به شهر «استخر» منتقل کرد. در این زمان یکی از امیران عرب به نام «طائر» به ایران حمله کرد و عمه‌ی شاپور (خواهرزاده اورمزد شاه) را به اسارت برد و به همسری خود در آورد. حاصل این ازدواج دختری بود که او را «مالکه؛ ملکه» نامیدند. شاپور در شانزده سالگی به جنگ با طائر مشغول شد. روزی شاپور با دختر طائر رو به رو شد و شیفته‌ی او گردید. مالکه توسط دایه‌اش پیغامی برای شاپور فرستاد و نوشت که به او علاقه‌مند است و اگر او را به همسری انتخاب کند، دژ را به تصرف او در می‌آورد. شاپور به او قول داد و آن‌ها دژ را تصرف کردند و وقتی طائر دخترش را کنار شاپور دید، ماجرای خیانت او را فهمید و به شاپور گفت: فرزندی که به پدر خیانت کند، مطمئن باش به تو هم وفادار نخواهد بود. به دستور شاپور، طائر را گردن زدند. کتف اعراب را سوراخ می‌کردند و از آن طنابی می‌گذراندند. به همین دلیل شاپور را «ذوالاکتاف» لقب دادند. مدتی گذشت و شاه تصمیم گرفت در لباس بازرگانان به روم برود. او وزیر خود را مسئول اداره کشور کرد. اما از بد روزگار یک ایرانی بدسرشت در دربار قیصر بود و هویت

می‌کند. شاپور دلباخته‌ی دختر شد و مخفیانه با او ازدوج کرد و آن‌ها صاحب پسری شدند که نامش را هُرمز (اُورمَزد) گذاشتند و تولد او را از همه پنهان کردند و به او یاد دادند که در مورد اصل و نسب‌اش با هیچ کس صحبت نکند. هفت سال گذشت تا روزی اردشیر به همراه وزیر و سربازانش به نزدیکی آن باغ، برای شکار رفتند. چند کودک مشغول بازی بودند که گوی آن‌ها نزدیک پای اردشیر افتاد. هیچ یک جرات برداشتن آن را نداشتند تا این که هرمز آن را برداشت. اردشر جسارت کودک را ستود و از کودک خاندانش را پرسید. هرمز گفت: پدرم از من خواسته است تا نامش را به کسی نگویم. کودک نامش را گفت و اردشیر گفت که تو باید نوه‌ی من باشی. اردشیر از شاپور در مورد هرمز پرسید و او هم داستان آشنایی‌اش را با دختر مهرک نوشزاد تعریف کرد. اردشیر گفت: روزی در هند، ستاره‌شناسی به من گفت که من و سرزمینم، روی خوش نخواهیم دید مگر این که کسی از خاندان مهرک نوشزاد با فرزند من ازدواج کند. حالا می‌فهمم که در چند سال اخیر روزگار خوش سرزمینمان به برکت وجود هرمز بوده است. سرانجام اردشیر دادگر در هشتاد سالگی دار فانی را وداع گفت و شاپور بر تخت سلطنت نشست.

داستان پادشاهی شاپور اورمزد ملقب به ذوالاکتاف

بعد از مرگ اردشیر، پسرش شاپور، بعد از شاپور، اُورمَزد (هُرمز)، بعد از اورمزد، بهرام ـ پسر اُورمَزد ـ و سپس بهرام بهرامیان، بعد از او، نَرسی

سالش به میدان چوگان بیاورند. کودکان مشغول بازی شدند و شاه و وزرا هم تماشا کردند تا اینکه گوی غلطان جلوی پای شاه افتاد. هیچ کدام جرات جلو رفتن نداشتند اما شاپور با جسارت کامل جلو رفت و گوی را برداشت. اردشیر گفت: «مطمئن هستم که این پسر، فرزند من است». مدتی گذشت و شاپور در تیراندازی و سواری و آداب شاهی، سر آمد شد و به دستور اردشیر شهری بنا کردند و نام آن را «جُند شاپور» گذاشتند.

داستان شاپور و هرمز

در زمان پادشاهی اردشیر، روزی او و پسرش ـ شاپور ـ و چند تن از همراهان برای شکار به بیرون شهر رفته بودند تا به باغ بزرگ و زیبایی رسیدند. صاحب باغ، آن‌ها را به داخل راهنمایی کرد. شاپور مشغول گردش در باغ شد که در انتهای باغ دخترکی را دید که با چرخ از چاه آب می‌کشید. دخترک او را شناخت و گفت: آب این چاه بسیار گوارا است. اجازه دهید برایتان از چاه آب بکشم. شاپور گفت: آب کشیدن با این دلو بسیار مشکل است. او به یکی از سپاهیانش گفت که دلو را بکشد اما او نتوانست. شاپور به دختر گفت که بگذارد خود، آب را بیرون بکشد. شاپور از تبار دختر پرسید و گفت که باور نمی‌کند او دختر باغبان آنجا باشد. دخترک از شاپور امان خواست و گفت: من دختر مهرک نوشزاد هستم که به پدر شما ـ اردشیر ـ خیانت کرد و او هم دستور داد تا خانواده‌ی مرا نابود کنند و این مرد باغبان از من حمایت

عنوان بازرگان با هفت تن از بهترین سردارانش با صندوق‌هایی از طلا و جواهر و نیز صندوقی پر از سرب و برنج به طرف قلعه هفتواد به راه افتاد. آن‌ها خود را از بازرگانان خراسان معرفی کردند و گفتند که به خاطر بخت خوب کرم، هدایایی برای او آورده‌اند. آن‌ها وارد قلعه شدند و سرب گداخته را در دهان کرم ریختند و جنگی در گرفت. آن‌ها هفتواد و سپاهش را شکست دادند و اردشیر در آنجا «آتشکده» احداث کرد.

داستان پادشاهی اردشیر بابکان

اردشیر پادشاه ایران شد و دختر اردوان را به همسری برگزید. بهمن ـپسر اردوانـ به هند فرار کرد. نامه‌ای به خواهرش نوشت و مقداری زهر کشنده برای او فرستاد تا با آن اردشیر را مسموم کند. همسر اردشر، زهر را با مقداری آرد و شکر مخلوط کرد و شربتی ساخت و به اردشیر داد. جام از دست اردشیر به زمین افتاد و زن چنان دستپاچه شد که اردشیر شک کرد و بقیه شربت را جلوی مرغان گذاشت و آن‌ها بلافاصله مُردند. اردشر همسرش را به وزیرش سپرد تا او را بکشد اما زن به وزیر اظهار ندامت کرد و به او گفت باردار است تا او را پناه دهد. وزیر او را پناه داد و نام فرزند را «شاپور» گذاشتند. هفت سال گذشت و شاپور هفت ساله شد. روزی وزیر، پادشاه را پریشان حال دید و پادشاه گفت: پنجاه سال از عمرم می‌گذرد اما پسری ندارم که جانشین من شود. وزیر از شاه امان خواست و حقیقت را به او گفت. اردشیر برای اثبات حرف وزیرش، دستور داد تا شاپور را به همراه صد کودک همسن و

❖ داستان کِرم هفتواد ❖

در کنار دریای پارس شهر زیبایی به نام «کُجاران» بود. دختران شهر هر روز کمی غذا بر می‌داشتند و پنبه‌ها را به دامنه کوه‌ها می‌بردند و دوک می‌ریسیدند و نخ‌ها را به شهر می‌بردند و می‌فروختند و در خرج خانه، کمک می‌کردند. مردی در آن شهر بود که یک دختر و هفت پسر داشت و به همین دلیل به او «هفتواد» می‌گفتند. آن دختر هم مانند بقیه دختران، نخ می‌ریسید. روزی، آن دختر، سیبی را بر روی زمین دید و برداشت. هنگامی که خواست آن را بخورد کرمی از آن بیرون آمد. دختر کرم را گرفت و در دوکدان خود گذاشت. مشغول کارهای روزانه‌اش شد. اما به خاطر وجود کرم، دو برابر روزهای قبل نخ ریسید و به خانه برد. روز به روز درآمد بیشتری به خانه می‌برد تا اینکه او و خانواده‌اش ثروتمند شدند. امیر شهر به خاطر حسادت به هفتواد، گروهی را فرستاد تا او را دستگیر کنند اما هفتواد و یارانش به مقابله برخاستند و فرستادگان امیر را شکست دادند و شهر را به دست آوردند. هفتواد در کوهسار، دژی بزرگ ساخت و فرماندار شهر و نواحی اطراف شد. کرم بزرگ‌تر می‌شد و دوکدان تنگ. آن‌ها صندوقی برایش ساختند و بعد از ساخته شدن دژ، حوضی از سنگ و ساروج ساختند و غذایش را به برنج و شیر تغییر دادند. هفتواد روز به روز ثروتمند و قدرتمندتر می‌شد. در آن زمان اردشیر پس از شکست کردان، با لشکری به قلعه هفتواد حمله کرد. جنگی در گرفت و اردشیر شکست خورد اما دوباره سپاهیان را سر و سامان داد. در این زمان، در جهرم، مردی به نام مهرک نوشزاد، شورش کرده بود. اردشیر ابتدا او را شکست داد و سپس به

آیا آن دو نفر را با اسب‌های سفید و سیاه دیده‌اند؟ یکی گفت: هنگام شب دو سوار به طرف فارس رفتند و میشی نیز همراهشان بود. وزیر به اردوان گفت: آن میش نشانه‌ی فرّ و پادشاهی اردشیر است و باید قبل از آن که میش به اردشیر برسد، او را نابود کنیم». شاه و همراهان به راهشان ادامه دادند و دوباره سراغ آن دو را از مردم گرفتند. دیگری گفت: دو سوار را دیدم که به سرعت می‌تاختند و بر پشت یکی از آنها میشی بر اسب سوار بود. مدتی نگذشت که اردشیر شهری در کنار آبگیر ساخت و مردمان زیادی به او ملحق شدند. مرد خردمندی به اردشیر پیشنهاد کرد که قبل از جنگ با اردوان، سپاه فارس را مطیع خود نماید. در آن زمان مردی به نام «تَباک» فرمانروای «جَهرُم» بود و سپاهی مجهز داشت. تباک نزد اردشیر رفت و سوگند خورد که برای سرکوب اردوان با او متحد خواهد شد. سپس اردشیر به یاری تباک به جنگ بهمن رفت. بهمن شکست خورد و به طرف هند فرار کرد. اردوان بسیار ناراحت شد و با سپاه به طرف فارس حرکت کرد. دو سپاه وارد جنگ شدند و جنگ چهل روز طول کشید. باد سختی به طرف سپاه اردوان وزید و سپاهیان از ادامه جنگ ناتوان شدند و اردوان به دست مردی به نام «خَرّاد» اسیر و به دستور اردشیر کشته شد. از سه پسر اردوان، یکی به هند گریخت و دو پسر دیگر اسیر شدند. به توصیه تباک، اردشیر با دختر اردوان ازدواج کرد تا او جای گنج‌های پنهان پدر را نشان دهد. سپس در فارس شهری بنا کرد و نامش را «خُرّه اردشیر» گذاشت.

منصبی مناسب برسد. مدتی گذشت. روزی اردوان و پسرانش و اردشیر به شکار رفتند و گورخری دیدند. همه تیر انداختند اما اردشیر پیشی گرفت و گورخر را کشت. اردوان پرسید: «چه کسی این تیر را پرتاب کرده است؟». پسر اردوان پاسخ داد: «من». اما اردشیر عصبانی شد به اَردَوان گفت که پسرش دروغ می‌گوید و او گورخر را شکار کرده است. اَردَوان از لحن اردشیر خشمگین شد و او را از خود راند و به اصطبل برای نگهداری اسب‌ها فرستاد. بابک برای اردشیر نامه نوشت: «تو باید حد خود را نگه می‌داشتی و گستاخی نمی‌کردی. حالا باید تلاش کنی و دل شاه را به دست آوری». او نامه را با مقداری درم و دینار نزد اردشیر فرستاد. در میان درباریان شاه، دختری عاقل و زیبا به نام «گلنار» بود که به دلیل خردمندی و دانایی، سِمَت مشاور شاه را داشت. روزی گلنار، اردشیر را دید و به خاطر قد بلند و رفتار و وقارش به او علاقه‌مند شد. او نزد اردشیر رفت و خود را معرفی کرد و راز دلش را برای او گفت. اردشیر بسیار خوشحال شد که یاری مثل او داشته باشد. پس از مدتی بابک در فارس درگذشت و شاه ـاردوانـ، پسر بزرگش ـبهمنـ را با لشکری به فارس فرستاد تا جانشین بابک شود. شاه از منجمان خواست تا که طالع بهمن را ببینند و او را از حوادث آینده مطلع کند. منجمان نزد گلنار ـمشاور شاهـ رفتند و پشگویی را این گونه تعریف کردند: به زودی فردی عادی که نژادش از شاهان است به فرمانروایی می‌رسد. اردوان از این پیشگویی غمگین شد و اردشیر تصمیم گرفت که همراه گلنار از دربار اردوان بگریزد. آنها به سمت فارس حرکت کردند و اردوان عده‌ای را به دنبال آنها فرستاد و آنها در مسیر از افراد متفاوتی پرسیدند که

ایران قدرتمند نباشد، از تُرک و چین و هند به ایران حمله می‌کنند و سپس از راه ایران به روم حمله خواهند کرد. اسکندر به مادرش نامه‌ای نوشت و ذکر کرد که اگر روشنک پسری به دنیا آورد، او شاه ایران شود و نیز هر ساله از گنج او، صد هزار درم به فقرا بخشش کنند. پس از مدتی اسکندر درگذشت و او را در محلی به نام «اسکندریه» دفن کردند و داستان زندگی اسکندر به این ترتیب پایان یافت.

داستان اردشیر

روزگاری در ایران، شاه ایران «اَردوان» بزرگ پادشاهی عادل و درستکار بود. در زمان او «بابک» که فرمانروای استخر بود، مرد شُبانی (چوپانی) به نام «ساسان» را در خدمت داشت. بابک شبی در خواب دید که ساسان، سوار بر فیلی است و هر که نزدش می‌رود به او تعظیم می‌کند. وقتی بیدار شد، خوابش را اینگونه تعبیر کردند که کسی را که در خواب دیده یا خود به شاهی خواهد رسید یا از تبار او کسی به این مقام خواهد رسید. بابک، ساسان را به حضور طلبید و از نژاد و تبارش پرسید. ساسان گفت: «من از تبار دارا و نواده‌ی بهمن ـپسر اسفندیارـ هستم. به دستور بابک برای ساسان کاخی شایسته آماده کردند و سپس دختر خود را به همسری ساسان در آورد. حاصل این پیوند، پسری بود که نامش را «اردشیر» گذاشتند. اردشیر به بهترین نحو تربیت شد و آوازه‌ی فرزانگی و مردانگی او به اردوان بزرگ رسید. شاه ـاَردَوانـ از بابک خواست تا اردشیر را به دربار او بفرستد تا همنشین پسرانش شود و به مقام و

سپس دوباره حرکت کردند و به شهر دیگری رسیدند. مردم آن جا به استقبال آنها رفتند و از آزار لشکر «یأجوج» و «مأجوج» ـمردمی در مشرق یا شمال شرق آسیاـ نزد اسکندر شکایت کردند. آنها گفتند که لشکر یأجوج و مأجوج، مردمی هستند با پوست تیره و تنی پر مو، دندان‌های مثل گُراز و صورتی شبیه شتر و گوش‌هایی مانند فیل که در بهار از کوه‌ها پایین می‌آیند و به شهرشان حمله می‌کنند. اسکندر به آهنگران دستور داد تا مس و روی را آب کنند و سدّی آهنین در برابر آنها بسازند و آن سد را «سد اسکندر» نامیدند. مردم شهر خوشحال شدند و هدایای زیادی برای او بردند اما او نپذیرفت و به مسیرش ادامه داد تا به چین رسید. «فَغفور» چین ـپادشاه چینـ، هدایای زیادی نزد او فرستاد و اعلام کرد که از جنگ و خونریزی پرهیز خواهد کرد و فرمانبردار اسکندر خواهد بود. از آن جا به «سِند» رفت و همه را نابود کرد و به طرف «یَمَن» رفت. آنها هم فرمانبردار اسکندر شدند و به شهری که می‌گفتند در آن گنج کِیخسرو قرار دارد، رفتند و گنج را برداشتند و به طرف بابِل راهی شدند. در آن شب که به بابِل رسیدند، کودکی عجیب متولد شد که سرش مانند شیر و پایی مانند سُم و دُمی مانند گاو داشت اما مدتی نگذشت که از دنیا رفت. اسکندر از منجمان معنی این واقعه را پرسید و یکی از آنها گفت که آن واقعه به معنی مرگ اسکندر و سرنگون شدن تاج و تخت اوست. اسکندر نامه‌ای به مشاورش «ارسطو» نوشت و گفت تدبیری کند تا بعد از او، شکوه و جلال روم حفظ شود. ارسطو در پاسخ نوشت: تو باید بزرگان ایران را به حضور به خواهی و به هر یک کشور یا ناحیه‌ای را واگذار کنی زیرا اگر

متعجب شد و سپس هدایایی را بر مردم برهمنان بخشید و از آنجا رفت تا به دریای خاور رسید. در آنجا عده‌ی زیادی از سپاهیانش در آب غرق شدند و تعداد زیادی توسط عقرب و مار کشته شدند و سپاه دوباره به راه افتاد تا به سرزمین «حَبَشه» رسیدند. در آن جا با لشکری از مردان سیاه پوست و قوی هفت که به جای نیزه، هفت استخوان در دست داشتند رو به رو شدند. سپاهیان اسکندر با آنها جنگیدند و بسیاری از آنان را به هلاکت رساندند. سپس به سرزمین «نرم‌پایان» رفتند. مردمان آن جا که نه سلاح داشتند و نه اسب، با سنگ به سپاهیان اسکندر حمله کردند و سربازان اسکندر با آنان مقابله کردند. سپس به شهر دیگری رسیدند و مردم آن جا از آنها استقبال کردند و گفتند که اژدهایی هر روز به آنها حمله می‌کند و باید هر روز چند حیوان را نزدیک کوه ببرند تا او آنها را بخورد و به شهر حمله نکند. اسکندر دستور داد چند روز برای اژدها غذا نبرند و چند گاو بزرگ را کشتند و درون شکم آنها را با نفت سیاه و زهر پر کردند و اژدها را از پای در آوردند. پس از مدتی اسکندر به شهری رسید که مردمانش روی سرخ و موی زرد داشتند. او از عجایب شهرشان پرسید و آنها به او گفتند که آن سوی شهرشان، آبگیری است که هنگام غروب، خورشید در آن فرود می‌رود و همه جا تاریک می‌شود. در آن تاریکی چشمه‌ی آب حَیَوان قرار دارد و هرکس از آن آب بنوشد، زندگی جاوید می‌یابد. اسکندر تصمیم گرفت به آن جا برود. در این راه «خِضِر پیامبر» راهنمای او بود اما آنها به یک دوراهی رسیدند و هر کدام به یک طرف رفتند. حضرت خضر آب را پیدا کرد و خود را در آن شست و از آن آب نوشید اما اسکندر ناامید بازگشت.

قَیدافه رفتند و قیدروش از مادرش خواست که به پاس خدمتی که فرستاده به آنها کرده بود، او را راضی بازگرداند. قَیدافه پذیرفت و نظر اسکندر را خواست. اسکندر گفت: «بهتر است قبل از اینکه اسکندر به طرف اندلس حمله کند، من با خبرهای خوش نزد او بازگردم». طینوش عصبانی شد و به او گفت که به حرمت مادرش، سر از تنش جدا نمی‌کند و با عصبانیت آن جا را ترک کرد. روز بعد اسکندر به طینوش گفت: «من هم آرزوی مرگ اسکندر را دارم و می‌توانم با نقشه‌ای دست او را در دست تو بگذارم و وقتی بازگشتم تو با هزار سرباز، همراه من بیا و در بیشه‌ای کمین کن. من به اسکندر می‌گویم که قَیدافه، پسرش طینوش را با هدایای ارزنده نزد تو فرستاده است. وقتی اسکندر آمد تو به او حمله کن». قبل از حرکت اسکندر به قَیدافه قول داد که هرگز به اندلس حمله نکند. قَیدافه با بزرگان مشورت کرد و تصمیم گرفت که با اسکندر صلح کند سپس تاجی جواهرنشان با کاروانی از هدایای نفیس همراه اسکندر فرستاد. از طرفی طینوش با هزار سوار در کمین اسکندر بود. پس از آن که اسکندر به لشکرگاهش رسید، از او استقبال شد و با هزار سوار کارآزموده به طرف بیشه رفت و آن جا را محاصره کرد. طینوش غافلگیر شد و آن دو با هم رو در رو شدند. اسکندر گفت: «من قصد ندارم عهد بشکنم و به مادرت قول داده‌ام که دست اسکندر را در دست تو بگذارم، اکنون به اینجا آمده‌ام، زیرا من خود اسکندر هستم». سپس اسکندر با سپاهش به طرف شهر «بِرَهمنان» ـ سرزمینی در هندوستان ـ حرکت کرد. مردم آن جا نامه نوشتند که سردار قدرتمندی چون اسکندر، چرا قصد حمله به مردم فقیر و بی‌چیز دارد. اسکندر بسیار

آنجا زندگی می‌کردند. اسکندر به آن جا حمله کرد و آنها را اسیر کرد. او قبل از این که آن دو را به حضورش بیاورند، نقشه‌ای کشید. او وزیرش «بیطقون» را بر تخت نشاند و به او گفت که خودش را اسکندر معرفی کند و دستور کشتن اسرا را صادر کند. و سپس خود به عنوان یکی از درباریان وساطت می‌کند و از بیطقون می‌خواهد که آنها را آزاد کند و خود را به عنوان سفیر اسکندر نزد قَیدافه بفرستد. آنها این کار را انجام دادند و قَیدافه از آنها استقبال کرد. قیدروش ماجرا را برای مادرش تعریف کرد و از او خواست تا مطیع و خراج‌گذار اسکندر باشد. روز بعد هنگامی که سر شام، اسکندر را به حضور قَیدافه بردند، او با دقت به چهره اسکندر نگریست و دستور داد تا تصاویری که آن مرد نقاش کشیده بود را از خزانه بیاورند و سپس متوجه شد که او، خود اسکندر است. اما سکوت اختیار کرد و چیزی نگفت. بعد از چند روز قَیدافه اسکندر را به حضور خواست. به او گفت: «ای پسر فیلقوس، تو هم مرد رزم هستی و هم اهل بزم. اسکندر رنگش پرید و گفت: «اشتباه می‌کنید من وزیر اسکندرم». اما قَیدافه تصویری را که نقاش کشیده بود را نشان اسکندر داد و او دیگر نتوانست هویت خود را انکار کند. قَیدافه گفت: «در آیین ما، کشتن فرستاده روا نیست و تا زمانی که اینجا هستی، تو را فرستاده اسکندر می‌نامم، اما عهد کن که دیگر نزد هیچ‌کس به عنوان فرستاده نروی». اسکندر هم سوگند خورد که به او و خانواده‌اش آسیبی نرساند. قَیدافه به اسکندر هشدار داد که یکی از پسرانش «طینوش» که داماد فور بود، از اسکندر به خاطر کشته شدن فور کینه به دل دارد و نباید او را بشناسد. روز بعد اسکندر و قیدروش و طینوش، به حضور

از فیل‌های جنگی آماده‌ی نبرد است. جاسوسان شکل فیل‌ها را بر روی کاغذ کشیدند و به دستور اسکندر، آهنگران هزار سوار آهنی و اسب‌های آهنی ساختند و آنها را به رنگ‌های مختلف در آوردند. درون سوار و اسب را از نفت سیاه پر کردند. وقتی سپاه آهنی با فیل‌های جنگی رو به‌رو شدند، به فرمان اسکندر نفت سیاه درون سوارهای آهنی را آتش زدند و وقتی فیل‌ها با خرطوشان اسب‌ها را گرفتند، خرطوشان سوخت و از میدان جنگ گریختند. روز بعد قرار شد اسکندر و فور تن به تن بجنگند و هرکه پیروز شد بر تخت بنشیندند. اسکندر فور را کشت و بر تخت او نشست. پس از یک ماه اسکندر، پهلوانی نامدار و خردمند به نام «سورگ» را بر تخت فور نشاند و خود به طرف خانه خدا به راه افتاد. او فرمانروای آن جا به نام «خُزاعه» ـکه مردی ظالم و ستم کار بودـ و اطرافیانش را کشت و سپس با کشتی به طرف مصر حرکت کرد. پادشاه مصر «قبطون» نام داشت. او به گرمی از اسکندر استقبال کرد و اسکندر یک سال در مصر ماند. در آن زمان در شهر اَندُلس در کشور اسپانیا، زنی بخشنده و خردمند به نام «قَیدافه» فرمانروایی می‌کرد. آن زن با شنیدن خبر کشور گشایی‌های اسکندر، سواری نقاش را به مصر فرستاد تا تصویری از او بکشد و نزد او بیاورد. مدتی بعد، اسکندر نامه‌ای به قَیدافه نوشت که خداوند بزرگ او را بر دارا و فور پیروز کرد و آن دو پیروزی، اسکندر را مغرور کرده است. او همچنین ذکر کرد که سپاه و ثروتش از قَیدافه بیشتر است و می‌تواند از کشورهای همسایه برای سرکوب او کمک بگیرد. اسکندر به طرف اَندُلس حرکت کرد. در مرز اَندُلس، قلعه بزرگی بود که «قیدروش» ـپسر قَیدافهـ و همسرش در

داستان کشورگشایی اسکندر

اسکندر پس از رسیدن به پادشاهی ایران، تصمیم گرفت که به مدت پنج سال از مردم مالیات نخواهد. به مردم فقیر و تهی‌دست کمک کند. سپس نامه‌ای به «دلارا» همسر دارا نوشت و بعد از اظهار تأسف از مرگ دارا برای او توضیح داد که قصد جنگ و خونریزی ندارد و در ادامه از او خواست که «روشنک» دختر دارا را به نزد اسکندر بفرستد. آنها با این خواستگاری موافقت کردند و اسکندر از مادرش ناهید خواست که با جواهرات و هدایایی نزد دلارا برای خواستگاری روشنک برود. روشنک و اسکندر با هم ازدواج کردند و در آن زمان پادشاه خردمندی به نام «کید» شاه هندوستان بود. او خواب‌های متعدد و آشفته‌ای می‌دید. شخصی به نام «مهران» شرح خواب‌های شاه را شنید و گفت: «از این تعبیرها نگران نباش اما خردمند باش و با اسکندر وارد جنگ مشو. تو چهار چیز نایاب داری. اول: دختری زیبا و برازنده. دوم: فیلسوفی که رازهای جهان را برای تو آشکار می‌کند. سوم: پزشکی حاذق که مانند او در جهان نیست و چهارم: جامی که آب درون آن همیشه گوارا و سرد و هر قدر بنوشی، تمام نمی‌شود». پادشاه هند آن چهار چیز را نزد اسکندر فرستاد و اسکندر بسیار خشنود شد و قسم خورد که هرگز به هند حمله نکند. اسکندر پس از مدتی با سپاهش به طرف سرزمین «فور» ـ منطقه‌ای در هندوستان بود که در منطقه پنجاب کنونی در میان رودهای جهلم و چناب قرار داشت ـ حرکت کرد و طی نامه‌ای از فور خواست که فرمانبردار و خراج‌گذار او شود و او را در صورت سرپیچی، تهدید به جنگ کرد. چند تن از جاسوسان خبر آوردند که فور با سپاهی

را فرستاده‌ی اسکندر معرفی کرد و به او گفت که سپاه روم قصد جنگ با ایرانیان را ندارد و تصمیم دارد برای رسیدن به ممالک دیگر از ایران عبور کند. دارا نپذیرفت و تنها راه عبور لشکر اسکندر را جنگ دانست. دارا از آداب سخن‌دانی اسکندر تعجب کرد و از او پرسید که آیا او خود اسکندر است؟ اسکندر انکار کرد اما در همان زمان فرستاده‌ی ایران از روم بازگشت و اسکندر با سرعت از آن جا دور شد و دارا به هویت واقعی اسکندر پی برد. دارا گروهی را برای دستگیری اسکندر فرستاد. اما آنها موفق نشدند و اسکندر و همراهانش به سلامت بازگشتند. اسکندر به سپاهش خبر داد که سپاه ایران چندان مجهز و کار آزموده نیست. جنگ آغاز شد و دو سپاه هفت روز جنگیدند. روز هشتم به علت باد شدید، جنگ ناتمام ماند. در نهایت دارا به کرمان رفت و عقب‌نشینی کرد و به اسکندر نامه نوشت که زنان و کودکان و اسیران را آزاد کند. اسکندر به نامه‌ی دارا پاسخ مثبت داد. اما در این فاصله دارا به فرمانروای هند نامه نوشت و از او برای جنگ با اسکندر کمک خواست. اسکندر وقتی از این دورویی دارا با خبر شد، با سپاه به ایرانیان حمله کرد و دارا با سیصد سوار فرار کرد. اما دو نفر از همراهان دارا به نام‌های «جانوسیار» و «ماهیار»، تصمیم گرفتند که دارا را زخمی کردند و او را بکشند و اسکندر را فرمانروای ایران کنند. اسکندر بر بالین دارا رفت و به او قول داد که آن دو خیانتکار را به سزای اعمالشان برساند. دارا قبل از مرگش وصیت کرد که اسکندر با دخترش ازدواج کند و با ایرانیان به نیکی رفتار کند و شاه ایران شود.

نامطبوعی استشمام کرد و به همین دلیل او را از خود راند. پزشکان با داروی گیاهی‌ای به نام «اسکندر» بوی دهان ناهید را درمان کردند. داراب دیگر او را نخواست و از بارداری ناهید بی‌اطلاع بود. پس او را نزد پدرش _فیلقوس؛ قیصر روم_ فرستاد. پس از نُه ماه، پسری به دنیا آمد و او را به یاد آن داروی گیاهی، «اسکندر» نامیدند. در همان شب، اسبی در اصطبل شاه، کره اسبی سفید به دنیا آورد و قیصر تولد این کره اسب را به فال نیک گرفت و اسکندر را فرزند خود خواند. اسکندر جوانی نیرومند شد. از طرفی دیگر داراب، همسر دیگری اختیار کرد و از او صاحب پسری به نام «دارا» شد. پس از ده سال داراب از بین رفت و دارا بر تخت شاهی نشست. دارا جوانی تندخو و دارای زبانی گزنده بود. به دستور او برای شاهان کشورهای همسایه، نامه‌هایی با لحن تند نوشته شد و در آن لحاظ شد که باید آنها به طور مرتب خراج به ایران بفرستند در غیر این صورت، شاه آنها را نابود خواهد کرد. در آن زمان قیصر روم در گذشت و اسکندر بر تخت شاهی نشست و حکیمی فرزانه به نام «ارسطاطالیس؛ ارسطو»، آداب کشور داری و رسوم شاهی را به او آموخت و به او یادآوری کرد که هیچگاه خودرأی و بی‌تدبیر نباشد. اسکندر با عدل و مهربانی به سلطنت مشغول شد. روزی فرستادگان دارا برای گرفتن خراج به روم رفتند اما اسکندر امتناع کرد و تصمیم گرفت با سپاهی بزرگ به گردش در کشورهای جهان بپردازد و سرداران را از قصد خود با خبر کند. او ابتدا به مصر رفت و آن جا را تصرف کرد و سپس به ایران حرکت کرد. خبر به دارا رسید. آنها نزدیک فرات به هم رسیدند. اسکندر به همراه ده هزار نفر از سواران، نزد دارا رفت اما خود

روزی همای برای بازدید سپاه رفت و داراب را در صف سپاهیان دید و تحت تاثیر قرار گرفت و به رَشنَواد دستور داد که سلاح و زره مناسب به داراب بدهند. هنگامی که سپاه ایران به جنگ با رومیان رفت، هوا به شدت بارانی شد و هر سربازی را به پناهگاهی می‌برند. در این هنگام داراب به ویرانه‌ای رفت و زیر طاقی پناه گرفت و به خواب رفت. رشنواد که برای رهبری سپاه رفته بود، صدایی را از ویرانه شنید. وقتی داراب را از آن ویرانه بیرون می‌آورند، طاق فرو می‌ریزد و موجب شگفتی همگان می‌شود. رشنواد از داراب خواست که داستان زندگیش را برای او تعریف کند. داراب برای رشنواد ماجرایش را تعریف کرد. آنها رومیان را شکست دادند و با پیروزی بازگشتند. همای با شنیدن ماجرای داراب، او را بر تخت شاهی نشاند و با آغاز سلطنت داراب، دوران سی و دو ساله‌ی پادشاهی همای چهرزاد به پایان رسید.

داستان پادشاهی دارا

در زمان پادشاهی داراب که به عدل و داد معروف بود، اعراب به فرماندهی «شُعَیب» _از سرداران عرب که تازیان و اعراب، تحت فرماندهی او بودند_ به ایران حمله کردند اما از ایرانیان شکست خوردند. مدتی از پادشاهی داراب گذشت که قصد جنگ با قیصر روم کرد و در آن زمان «فیلقوس»، قیصر روم بود. قیصر تقاضای صلح کرد. مشاوران داراب شرط قبول صلح را پرداخت خراج و فرستادن «ناهید» دختر قیصر، نزد داراب اعلام کردند. قیصر نیز پذیرفت. روزی داراب از دهان ناهید بوی

ماه باردار بود، بهمن بیمار شد و نزد بزرگان وصیت کرد که پس از او، همای چِهرزاد جانشینش باشد تا زمانی که فرزندشان به دنیا بیاید. پس از درگذشت بهمن، همای چهرزاد به جای او بر تخت پادشاهی نشست و دلباخته‌ی مقام پادشاهی شد و زمانی که فرزندش به دنیا آمد، همه جا شایعه کرد که پسرش مرده و او را در خفا به دایه سپرد تا به او شیر بدهد و او را بزرگ کند. وقتی کودک هشت ماهه شد، همای دستور داد تا کودک را درون صندوق چوبی‌ای با پارچه‌های زیبا بگذارند و یاقوتی را بر بازوی نوزاد ببندند. آنها مقدار زیادی طلا و جواهر را نیز در صندوق گذاشتند و در رودخانه رها کردند. مردی که در گازرگاه _ محلی که لباس‌ها را روی سنگ‌ها می‌گذاشتند؛ جای رخت شویی و رخت‌شوی خانه _ کار می‌کرد، صندوق را پیدا کرد. آن مرد و همسرش که تازه نوزاد خود را از دست داده بودند، تصمیم گرفتند آن کودک را بزرگ کنند و نام او را «داراب» نهادند. آنها به شهر دیگری کوچ کردند و با خرید زمین و خانه‌ای، زندگی‌شان رونق گرفت. کم‌کم داراب بزرگ شد و به سن بلوغ رسید. او از کار کردن شانه خالی می‌کرد و همیشه در گوشه‌ای به ساختن تیر و کمان مشغول بود. پدر او را نزد معلمی گذاشت تا خواندن و هنرهای رزمی بیاموزد. روزی داراب نزد پدر رفت و از او پرسید که چرا شباهتی به او ندارد و از او خواست که واقعیت را به او بگوید. همسر مرد واقعیت را به داراب گفت و داراب با مقداری از گوهرها به خدمت مرزبان ناحیه رفت و مرزبان او را مشغول به کار کرد. در همین زمان رومیان به ایران حمله کردند. همای، سردار خود «رَشنَواد» را به جمع‌آوری سپاه مأمور کرد و داراب نیز به سپاه پیوست.

رفت. زال او را نصیحت می‌کرد تا او آرام بگیرد و برای گرفتن انتقام خون رستم، فرامرز را با سپاهی به کابل فرستاد. فرامرز، شاه کابل و تمام کسانی که در کشته شدن رستم دخالت داشتند را دستگیر کرد و بر سر چاه‌ها برد و آنها را کشت.

داستان بهمن و همای چِهرزاد

پس از آن که اسفندیار روئین تن، در جنگ با رستم پهلوان شکست خورد، از رستم درخواست کرد که فرزندش بهمن را نزد خود نگه دارد و فنون نبرد، سوارکاری، تیراندازی و شمشیربازی به او بیاموزد. با اینکه اطرافیان رستم به او هشدار داده بودند که این کار گرگ در آستین پرورش دادن است اما رستم خواهش اسفندیار را پذیرفت. او بهمن را به خوبی تربیت کرد و بعد نزد گشتاسپ فرستاد. اما پس از آن که رستم کشته شد، گُشتاسپ بسیار پیر شده بود و به خاطر دِینی که به اسفندیار داشت، بهمن را به شاهی برگزید. مدتی بعد از پادشاهی بهمن، او تصمیم گرفت برای انتقام خون پدرش، به سیستان حمله کند. بهمن، زال و رُودابه را که به حمایت از رستم، او را همچون فرزند خود پرورش داده بودند، اسیر کرد و اموالشان را غارت کرد. خبر به فرامرز ـپسر رستمـ رسید. او نیز با سپاه به سیستان رفت، اما او نیز در این آتش انتقام، جان سپرد. بهمن از رفتارهای بدش نسبت به زال و رُودابه پشیمان شد و آنها را آزاد کرد. مدتی بعد، بهمن با دختری زیبا به نام «همای چِهرزاد» ازدواج کرد. وقتی همای چِهرزاد، شش

ظاهر در حضور مردم به شَغاد توهین کند و او نیز نزد رستم برود و او را برای گوشمالی شاه کابل ترغیب کند. وقتی رستم به کابل برود، شاه کابل اظهار پشیمانی کند و برای رضایت خاطر رستم، او را به شکرگاهی دعوت کند و او را در چاه عمیقی که از قبل کنده شده بود بیندازد. توطئه آنها انجام شد و رستم و برادرش «زواره» ندانستند که در مسیر چاه قرار دارند. رَخش ـاسب رستمـ از بوی تازه خاک متوجه شد و دست و پاهایش را جمع کرد تا داخل چاه نیفتد. اما رستم که از وجود چاه بی‌اطلاع بود، با ضربه‌ی تازیانه‌ای او را مجبور به حرکت کرد و ناگهان داخل چاه افتاد. زواره هم در چاه دیگری جان سپرد. رستم با تنی زخمی، خود را لبه‌ی چاه نگه داشت و وقتی سربلند کرد، شَغاد و شاه کابل را خشنود بر سر چاه دید و متوجه توطئه آنها شد. رستم به شغاد گفت تا کمان او را با دو تیر در کنار چاه بگذارد تا اگر در لحظات آخر عمرش، شیری به او حمله کرد، بتواند از خود حفاظت کند. شغاد از ترس جانش کمان را با تیر کنار چاه گذاشت و خود در پشت درختی پناه گرفت. رستم خود را از چاه نجات داد و با تمام نیرو تیر را در کمان گذاشت و شغاد را با درخت به هم دوخت و انتقام خود را از او گرفت. از همراهان رستم یک نفر به سلامت خود را به زال رساند و خبر کشته شدن رستم و برادرش زواره را به او داد. او «فرامرز» ـفرزند رستمـ را برای آوردن جسد جهان‌پهلوان فرستاد و اجساد رستم و زواره را در تابوت‌هایی زیبا و جسد رَخش را بر پشت فیلی حمل کرد و به سیستان بازگردانیدند. سیستان یک سال به سوگ نشست. رودابه به خاطر غم زیاد، دست از غذا خوردن کشید تا از بین برود و تا مرز دیوانگی پیش

فرستادند و نادم و پشیمان شد. رستم بهمن را مانند فرزندش، آموزش داد و طی نامه‌ای به گُشتاسپ، برای او نوشت که تمام تلاشش را کرده بوده است تا جنگی در نگیرد. گُشتاسپ، رستم و اطرافیانش بخشید. بهمن را «اردشیر» نام نهادند و او پس از گُشتاسپ پادشاه ایران شد.

داستان رستم و شَغاد

زال در شبستان، به غیر از رُودابه ـ مادر رستم ـ، همسری زیبا و هنرمند داشت و آنها صاحب فرزند پسری به نام «شَغاد» شدند. در طالع شَغاد دیده شد که وقتی بزرگ شود، شکستی بزرگ به خاندانش وارد خواهد کرد و ایران را به ماتم و سوگ خواهد نشاند. شغاد نزد پادشاه کابل آموزش دید و در هنرهای رزمی، نیزه‌انداز و شمشیربازی کار آزموده شد و شاه کابل او را به دامادی پذیرفت. در آن زمان کابل قلمرو حکومت جهان پهلوان رستم بود و سالانه ده چرم زرین به عنوان مالیات از آن جا به سیستان می‌فرستادند. هنگامی که زمان پرداخت مالیات شد، شاه کابل فکر کرد چون برادر رستم داماد او شده، او را از پرداخت مالیات معاف خواهد کرد. اما رستم نپذیرفت و گفت: «ترجیح خواهد داد که کشته شود تا سرافکنده گردد و همیشه حامی و پشتیبان شاه ایران بود». زمان جمع‌آوری مالیات، مأموران نزد شاه کابل رفتند و او بسیار ناراحت شد و به شغاد گلایه کرد و باعث شد او نیز از رستم آزرده خاطر گردد. رنجش آن دو باعث شد که نقشه‌ی پلیدی برای از بین بردن رستم بکشند. قرار شد که شاه کابل، جشنی برگزار کند و به

است و حاضر است که اگر خطایی از او سر زده است، عذرخواهی کند. بهمن نزد پدر رفت و از مردانگی‌های رستم برای او تعریف کرد. اسفندیار نزد رستم رفت و خواست تسلیم شود تا او به پادشاهی برسد. رستم او را از جنگ منع کرد و خواست منصرف شود. اما نتیجه‌ای نداشت و آن دو وارد جنگ شدند. قرار بر این شد که سپاهیان دخالت نکنند و فقط آن دو با هم رقابت کنند که یکی از سران سپاه رستم جلو رفت و خطاب به سپاه اسفندیار دشنام داد. همین موضوع باعث آغاز جنگی خونین شد و دو پسر اسفندیار کشته شدند. رستم قول داد که باعث این حادثه را به اسفندیار تحویل دهد تا اسفندیار او را به سزای اعمالش برساند. اما اسفندیار نپذیرفت و با تیر و کمان به سمت رستم تیری پرتاب کرد و رستم هم برای دفاع از خودش نیز به او تیراندازی کرد. اما اسفندیار «روئین تن» بود و تیر بر او اثری نداشت. سیمرغ به یاری رستم رفت و زخم‌های او را التیام بخشید. سیمرغ به او آموخت که از درختی که با آب رَز آبیاری شده، تیری بسازد و به چشمان اسفندیار پرتاب کند تا او را به هلاکت برساند. روز بعد رستم برای بار دیگر از اسفندیار خواهش کرد که از جنگ منصرف شود و به او هدایا و گنج‌هایی گرانبها را وعده داد اما اسفندیار منصرف نشد. پس رستم تیر را در کمان گذاشت و چشمان او را نشانه گرفت و اسفندیار بر زمین افتاد. رستم بر بالین او رفت و اسفندیار گفت: «پیروزی تو از سر جوانمردی نبود، بلکه از سر تدبیر زال بود». سپس از رستم خواست تربیت و آموزش پسرش بهمن، را بر عهده بگیرد. اسفندیار در آخرین کلامش، گُشتاسپ را عامل مرگ خود دانست و سپس جان سپرد. پیکر او را در تابوتی نزد گشتاسپ

گرفت و اسفندیار سر از تن اَرجاسپ جدا کرد. سپاهیان تُرک، تسلیم اسفندیار شدند و اسفندیار دژ را به آتش کشاند و با جواهرات با ارزش نزد گُشتاسپ بازگشت.

داستان رزم رستم و اسفندیار

گُشتاسپ پادشاه ایران به پسرش اسفندیار، وعده داده بود که در صورت پیروزی در جنگ با اَرجاسپ، تاج و تخت را به او واگذار می‌کند. در جشن بازگشت اسفندیار، اسفندیار به مادرش کتایون، گفت که وعده‌های پدرش دروغ است. در طالع اسفندیار آمده بود که مرگ او به دست رستم در سیستان نزدیک است. گشتاسپ روز بعد به پسرش گفت: «اگر رستم پسر زال را که از من سرپیچی کرده، دست‌بسته بیاوری، تو را شاه ایران خواهم کرد». اسفندیار در پاسخ به خواسته‌ی او گفت : «رستم پهلوان پهلوانان است و در حفظ تاج و تخت فداکاری‌های زیادی کرده است و شرط مغلوب کردن او فقط بهانه‌ای است که تاج و تخت را به من واگذار نکنید، اما با این حال به سیستان خواهم رفت». کتایون خواست او را منصرف کند اما موفق نشد و اسفندیار به همراه فرزندان و سپاهی محدود راه افتاد. اسفندیار به پسر بزرگش «بهمن» گفت که با چرب‌زبانی، رستم را متقاعد کند که با پای خودش بیاید و تسلیم شود. بهمن نزد رستم رفت و دانست که پدرش توان مقابله با رستم را ندارد. بنابراین پیغام را به رستم داد. رستم به او گفت که پس از این همه دلاوری و از خودگذشتگی، انتظار چنین پیغامی را نداشته

بهشت آورده بود، گردن او را بست و او را به هلاکت رساند. خان پنجم، سیمرغ بود که باز اسفندیار از ترفند صندوق نیزه‌دار استفاده کرد و او را کشت. خان ششم، سرمای بسیار شدیدی بود که اگر در برف مدفون نمی‌شدند، می‌توانستند به خان هفتم برسند. بعد از سه شبانه روز، آنها موفق شدند به خان هفتم برسند. خان هفتم، بیابانی گرم و سوزان بود که در آن تنها آبی زهرآلود بود که فقط پرندگان می‌توانستند از آن آب بنوشند. اسفندیار و همراهانش با مشقت فراوان از این خان نیز عبور کردند. آنها پیش از رسیدن به روئین دژ، به باتلاقی می‌رسند که گُرگسار از آن نامی نبرده بود. اسفندیار به گُرگسار شک کرد و او را کشت و متوجه شد که در دژ، آذوقه‌ی ده سال وجود دارد و صد هزار سرباز جنگی از آن محافظت می‌کنند. او با کاروانی از پارچه و جواهرات در لباس بازرگانان، خواست که وارد دژ شود. او صد و شصت دلاور را درون صندوق‌هایی جای داده بود. کاروان به رهبری اسفندیار و پَشوتَن به همراهیِ بیست نفر از سرداران به طرف دژ حرکت کردند. اسفندیار دستور داد که اگر در روز دود و در شب آتش دیدند، به قلعه حمله کنند. اسفندیار با کاروان وارد دژ شد و به تجارت پرداخت. روزی اسفندیار دو خواهرش را «همای» و «به آفرید» را با لباس‌های کهنه و پاره و پای برهنه در بازار دید و به آنها گفت که صبور باشند تا آنها را نجات دهد. چند روز بعد اسفندیار پیش ارجاسپ رفت و به او گفت که چون از طوفان جان سالم به در برده است، نذر کرده است که میهمانی مجللی برگزار کند. ارجاسپ پذیرفت و انتهای شب که همه سرداران خسته و خواب آلود شدند، اسفندیار با آتش به پَشوتَن علامت داد و جنگی در

اسفندیار دربند، کسی نمانده. بنابراین او به فرزندش «کُهرَم» فرمان داد که با سپاهی به بلخ برود و اسفندیار را بکشد و همه جا را ویران کند. کُهرَم با سپاهش حمله کرد و لهراسب را از بین بردند.

داستان هفت خان اسفندیار

اسفندیار و پَشوتَن به همراه سپاهی بزرگ حرکت کردند تا به یک دوراهی رسیدند. به دستور اسفندیار، «گُرگسار» سردار تورانی را اسیر و آوردند و اسفندیار به او گفت: «تو با ما پیمان بستی که محل روئین دژ را نشان دهی. اگر درست بگویی بعد از کشتن اَرجاسپ، تو را پادشاه توران می‌کنم و اگر دروغ بگویی، تو را خواهم کشت». گُرگسار به او گفت که وفادار است و از سه راه مسیر روئین دژ را نشان داد. راه اول، سر سبز و آباد بود اما دو ماه طول می‌کشید. راه دوم، بیابان بود اما یک ماه طول می‌کشید. راه سوم، بسیار پر خطر بود اما سریع‌ترین مسیر بود. آن‌ها راه سوم را برگزیدند و باید از هفت‌خان می‌گذشتند. در خان اول، دو گرگ بود که اسفندیار با ضرب شمشیر آنها را کشت. در خان دوم، با دو شیر قوی هیکل جنگید و پیروز شد. خان سوم، مبارزه با اژدهای سیاه بود. آنها صندوقی ساختند و به هر طرف آن تیزی نصب کردند و صندوق را به دو اسب بستند و اسفندیار در آن پنهان شد و وقتی اژدها می‌خواست صندوق را ببلعد، نوک تیز نیزه‌ها مانع شد. سپس اسفندیار از صندوق بیرون آمد. اژدها را کشت. خان چهارم، زن جادوگری بود که اسفندیار با شربت خواب‌آور او را بی‌حال کرد و با زنجیری که زرتشت از

و آتشی از بهشت آورده‌ام». گُشتاسپ دین زرتشت را پذیرفت و به پیروی از او همه‌ی بزرگان کشور، به آیین زرتشت پیوستند. روزی زرتشت پیامبر، نزد گشتاسپ رفت و به او هشدار داد که او نباید دیگر به دربار «اَرجاسب» _پادشاه اساطیری توران و از نوادگان افراسیاب_ که فردی گمراه و بی‌ایمان بود، خراج دهد. گُشتاسپ پیروی کرد. اَرجاسب اعلان جنگ کرد. در روز اول، «اَردشیر» فرزند اول گُشتاسپ به میدان رفت و بعد از کشتن تعداد زیادی از تورانیان، کشته شد. پس از او «شیرُوِ» فرزند دیگر گُشتاسپ و روز بعد برادرش «شیدَسپ» به میدان رفتند و کشته شدند. سپس، «زَریر» برادر شاه به میدان رفت. گُشتاسپ بسیار اندوهگین شد. خبر به اسفندیار رسید و او به همراه پنج برادرش و پسر زریر به میدان رفتند و بسیاری از تورانیان را کشتند. اسفندیار «بیدِرَفش» را که از پهلوانان دشمن بود، کُشت و ایرانیان پیروز شدند. گُشتاسپ هزاران نفر را به دنبال ارجاسپ فرستاد. گُشتاسپ، اسفندیار را به عنوان سفیر ایران برای ترویج دین زرتشت به سرزمین‌های دور و نزدیک فرستاد و اسفندیار پس از چند سال، سربلند بازگشت. روزی مردی به نام «گُرَزم» به دلیل کینه‌ای که از اسفندیار به دل داشت، شروع به بدگویی اسفندیار نزد گُشتاسپ کرد و به او گفت که اسفندیار قصد دارد پدر را از پادشاهی برکنار کند و خود شاه ایران شود. گُرَزم بین پدر و پسر تفرقه انداخت. اسفندیار تصمیم گرفت به دربار رود اما پدرش او را به خاطر گناهی که مرتکب نشده بود، به زنجیر کشید و در دژ زندانی کرد. گُشتاسپ به مهمانی جهان‌پهلوان، رستم و زال رفت و دو سال در زابلستان ماند. در این زمان به اَرجاسپ خبر رسید که جز لهراسب پیر و

توانا حاضر شد. قیصر نام و نشانش را پرسید و او خود را معرفی کرد و ماجرای کشتن گرگ و اژدها را نیز برای قیصر تعریف کرد و برای اثبات حرفش، دندان‌های اژدها را نشان داد. قیصر او را به گرمی پذیرفت و دستور داد با کتایون به قصر بازگردند. نام گُشتاسپ به «فرخ زاد» تغییر کرد. در این زمان شاه «الیاس» در مرز «خَزَوران» از قیصر روم نافرمانی می‌کرد و جنگی در گرفت و قیصر با کمک فرخ زاد پیروز شد. پس از این پیروزی، قیصر نامه‌ای تهدیدآمیز به شاه ایران نوشت. شاه لهراسب فرستاده‌ی قیصر را با احترام پذیرفت و از پیام‌آور، اوضاع مردم آن شهر را پرسید و او گفت که شخصی داماد قیصر شده که شباهت زیادی به گُشتاسپ دارد. قبل از شروع جنگ گُشتاسپ پیشنهاد کرد که برای سنجیدن امور، به دربار ایرانیان برود. لشکریان با دیدن گشتاسپ بسیار خشنود شدند و به او گفتند که پدرش قصد دارد پادشاهی را به او بسپارد. هنگامی که قیصر از این موضوع مطلع شد، بسیار خوشحال شد و به نزد گُشتاسپ که بر تخت شاهی نشسته بود، رفت. دو پادشاه پیمان دوستی بستند و قیصر، کتایون را با هدایای زیادی فرستاد و دوران پادشاهی گُشتاسپ آغاز شد.

داستان اسفندیار

گُشتاسپ شاه ایران شد. او و کتایون، دو پسر داشتند. پسر اول «اسفندیار» و دیگری «پَشوتَن» نام داشت. هر دو پسر، دلیر و شجاع بودند. روزی «زرتشت» نزد گُشتاسپ رفت و به او گفت: «من فرستاده‌ی خدا هستم

به قصر دعوت می‌کردند و دختر با دسته گُلی از مقابل آنها عبور می‌کرده است و آن دختر، هر کدام از سرداران و بزرگان را که انتخاب می‌کرد، داماد شاه می‌شد. شبی «کتایون» _دختر بزرگ قیصر_ در خواب، جوان نیرومندی را می‌بیند و دسته گُل را به او می‌دهد. چند روز بعد بزرگان و امیران به قصر شاه دعوت شدند. جماعت انبوهی از مردم عادی هم برای تماشا آمدند. میزبان، گُشتاسپ را نیز برای تماشای مراسم دعوت می‌کند. هنگامی که کتایون از مقابل خواستگاران گذشت هیچکدام را شایسته خود ندانست و دسته گُل را به گُشتاسپ که در میان جمعیت به تماشا ایستاده بود داد. شاه از کار دخترش بسیار عصبانی شد و فرمان داد که هر دو را گردن بزنند. اما با تلاش بزرگان، آنها را عفو کرد و بخشید ولی آن دو را از قصر بیرون انداخت. «هیشُویِ» خانه و لوازمی را در اختیار آنها قرار داد. مدتی بعد یکی از بزرگان به نام «میرین» خواستگار دوم دختر قیصر شد و قیصر شرط ازدواج را، کشتن گرگ درِنده‌ای گذاشت که در بیشه «فاسِقون» باعث نگرانی مردم شده بود. میرین از گُشتاسپ درخواست کرد که او این کار را انجام دهد. میرین داماد دوم شد.

بعد از مدتی بزرگزاده‌ی دیگری به نام «اَهرَن» خواستگار دختر سوم شد و این بار شرط قیصر، کشتن اژدهایی در کوه «سَقیلا» بود. اَهرَن نزد میرین رفت و از او کمک خواست. میرین، گُشتاسپ را معرفی کرد و گشتاسپ اژدها را کشت و برای احتیاط دندان‌های شکار را با خود به خانه هیشُویِ برد. اهرن داماد سوم شد. مدتی گذشت؛ روزی در میدان شهر مسابقه‌ی چوگان انجام شد و گُشتاسپ در این مسابقه بسیار

جوشن را به فریبرز و طوق گرانبهایی که نام شاه بر آن بود را به بیژن بدهند. کِیخسرو، لهراسب را به عدل و داد دعوت کرد و بعد به همراه گیو، توس، بیژن و فریبرز و گستهم به کوه رفت و به آنها گفت که شب را آن جا استراحت کنند زیرا که هنگام صبح دیگر او را نخواهند دید. او همچنین به آنها ندا داد که تا پیش از باریدن برف و قبل از تاریکی بازگردند اما آنها به قدری دل شکسته بودند که متوجه گذر زمان نشدند و هر پنج پهلوان در زیر برف مدفون شدند و جان سپردند. پس از گذشت چند روز لهراسب بر تخت شاهی نشست و شاه ایران شد.

داستان گُشتاسپ و کتایون

لهراسب دو پسر داشت. «گُشتاسپ» پسر بزرگتر که دلیر، جاه‌طلب بود و «زَریر» پسر کوچکتر که بسیار دانا بود. روزی گُشتاسپ نزد پدر رفت و خواست که او را به عنوان شاه برگزیند اما لهراسب نپذیرفت و از او خواست تا اندکی صبور باشد. گُشتاسپ با سپاهش شبانه آن جا را به مقصد هند ترک کرد. زریر او را دید و سرزنش کرد که چه طور حاضر شده است که شاهی آینده‌اش را به بندگی شاه هند بفروشد! او نادم بازگشت اما باز پس از مدتی دوباره وطن را ترک کرد و به سمت روم رفت و در خانه شخصی به نام «هیشُویِ» مهمان شد. در آن روزگار رسم بود که هر کدام از دختران قیصر ـ به امپراتورهای روم شرقی، قیصر می‌گفتند. روم؛ کشوری در جوار اراضی کشورهای ایران و توران ـ که به سن بلوغ می‌رسیدند، به دعوت شاه، بزرگان و سرداران را در روز معین

وقتی خبر شکست توران به خاقان چین رسید از کمکی که به افراسیاب کرده بودند احساس ندامت کردند و هدایایی برای کِیخسرو فرستادند. افراسیاب گریخت و در غاری پنهان شد. روزی مردی از آن جا عبور کرد و متوجه حضور افراسیاب شد و او را با طناب بست تا با خود نزد کِیخسرو ببرد. در راه افراسیاب خود را در آب پنهان کرد. آن مرد اتفاقی گودرز و گیو را دید و ماجرا را برای آنان تعریف کرد و آنها تصمیم گرفتند تا از گَرسیوَز ـ برادر افراسیاب ـ استفاده کنند. گَرسیوَز در بیرون آب شروع به سخن گفتن کرد و افراسیاب با شنیدن صدای گَرسیوَز در بیرون آب، از آب بیرون آمد. آنها گَرسیوَز و افراسیاب را به سزای اعمالشان رساندند. در این زمان کِیکاووس نزدیک به صد و پنجاه سال داشت و بعد از مدتی از این جهان رفت و کِیخسرو پس از چهل روز عزاداری بر تخت شاهی نشست. کِیخسرو شصت سال با عدالت حکومت کرد و پسر افراسیاب و خانواده‌اش را آزاد کرد و به توران فرستاد.

داستان پادشاهی لُهراسب

کِیخسرو پس از شصت سال مملکت را رها کرد و به راز و نیاز با خدا مشغول شد و ندا آمد که به زودی به جهان ابدی خواهد رفت و لهراسب بهترین جانشین خواهد بود. کِیخسرو گودرز را وصی خود کرد تا گنجاش را صرف آباد کردن ویرانی‌ها و بقیه را به فقرا بدهند و «گنج عروس» را که در شهر توس بود را به زال و رستم بدهند و سلاح موجود در قصر را نیز به گیو بدهند. زیورآلات شاهی را به توس و گوشواره و

رستم رفت. رستم ابتدا به او اعتماد نکرد و انگشتر خود را در غذای بیژن مخفی کرد و آن غذا توسط منیژه به او داده شد. بیژن بعد از خوردن غذا انگشتر رستم را دید و پی برد که ایرانیان برای نجاتش آمده‌اند. رستم به منیژه دستور داد تا هیزم زیادی در کنار چاه جمع کند که هنگام شب راهنمای آنان باشد. رستم بیژن را نجات داد و از او خواست تا گرگین را ببخشد. او بیژن و منیژه را با خود به ایران آورد و افراسیاب را که با سپاهش به دنبال آنها راهی شده بودند را شکست داد. کِیخسرو کاخ زیبایی به منیژه بخشید. منیژه با بیژن ازدواج کرد.

۞ داستان کشته شدن افراسیاب ۞

جنگی میان افراسیاب و کِیخسرو در گرفت. آنها سه روز در مقابل هم ایستادند اما حمله نکردند. افراسیاب نامه‌ای به کِیخسرو نوشت که یا از انتقام خون سیاوش بگذرد و از جنگ منصرف شود، یا کِیخسرو با فرزند افراسیاب (شیده) مبارزه کند و هر که پیروز شد سرزمین دیگری را اشغال نماید. شیده و کِیخسرو با یکدیگر مبارزه کردند و شیده به دست کِیخسرو کشته شد و جنگ بین دو لشگر درگرفت. بعد از چند روز درگیری، شبانه سپاه افراسیاب گریخت. به این مناسبت ایرانیان پنج روز استراحت کردند، سپس قرار شد به دنبال دشمن بروند. به توران رفتند و کِیخسرو اعلام کرد که به مردمی که قصد مقابله و جنگ ندارند، هیچ آسیبی نخواهد رساند اما در جنگی که با بقیه افراد سر گرفت، ایرانیان پیروز شدند و مقابل حیله‌ها و شبیخون‌های ایستادند.

اثبات حرفش دندان‌های آنها را کند تا نزد شاه ببرد. گرگین از ترس آن که بیژن ماجرا را برای کِیخسرو تعریف نکند دامی تدارک دید و به بیژن گفت که این موقع در سال منیژه ـدختر افراسیاب ـ و نَدیمه‌هایش برای گردش به آنجا می‌آیند و پیشنهاد داد که آنها را اسیر کنند. بیژن که جوانی بی‌تجربه بود پذیرفت. در این زمان بیژن محو زیبایی منیژه ـدختر افراسیاب ـ شد و پشت درختی ایستاد و منیژه را تماشا کرد. منیژه از طریق ندیمه‌اش متوجه حضور بیژن شد و بیژن را به چادر خود دعوت کرد. بیژن نزد منیژه خود را پهلوان ایرانی معرفی کرد و پس از سه روز منیژه تصمیم گرفت بیژن را با خود مخفیانه به کاخ پدرش افراسیاب ببرد. بیژن نپذیرفت و منیژه در داخل غذایش داروی خواب ریخت و او را با خود به کاخ برد. بیژن چاره‌ای جز شکیبایی نداشت و بعد از چند روز باغبان قصر از ترس جانش به افراسیاب خبر داد. او ابتدا می‌خواست بیژن را دار بزند که پیران عواقب کار و کشته شدن سیاوش را یادآوری کرد. بنابراین به گَرسیوَز دستور داد تا بیژن را دست‌بسته به درون چاهی بیندازد و درب چاه را مسدود کند. افراسیاب منیژه را نیز از کاخ بیرون کرد. منیژه مجبور به گدایی شد و از سوراخ چاه به بیژن غذا می‌داد و شب‌ها کنار چاه می‌خوابید. گرگین تنها به ایران بازگشت و به شاه دروغی گفت. در روز اول سال نو، کِیخسرو در جام گیتی‌نما، بیژن را در شهر خُتَن در ته چاهی دید و از رستم کمک خواست. رستم تصمیم گرفت با گروهی از پهلوانان در لباس بازرگانان به آنجا بروند. گرگین را به زندان انداختند اما با وساطت رستم او نیز برای پیدا کردن بیژن به راه افتاد. خبر رسید که از ایران کاروانی برای تجارت آمده و منیژه پیش

در جنگ رستم با گورخر، رستم متوجه شد که او «اکوان دیو» است. وقتی رستم به خواب رفته بود، اکوان دیو آن قطعه از زمین را کند و با خود به آسمان برد. دیو رستم را تهدید کرد و به او گفت: «تو را در کوه بیندازم تا تکه تکه شوی یا در دریا که خوراک نهنگان شوی». رستم که می‌دانست که او وارونه عمل می‌کند، به او گفت: «مرا در کوه بینداز. چرا که چینی‌ها معتقدند هر که در دریا بمیرد، رستگار نخواهد شد». اکوان دیو رستم را در دریا انداخت. رستم با چالاکی شنا کرد و خود را نجات داد و رخش را یافت و گله اسبی را به سمت ایران روانه کرد. هنگامی که افراسیاب مطلع شد، عده‌ای را به همراه چهار فیل به دنبال رستم روانه کرد. رستم در نبرد با آن افراد پیروز شد و با فیل‌ها و اسب‌ها به ایران بازگشت. در راه رستم با اکوان دیو رو بەرو شد و با او جنگید و سرش را از تن جدا کرد و به سوی کِیخسرو بازگشت.

بیژن و منیژه

روزی در دربار کِیخسرو خبر رسید که گروهی از مردم در مرز ایران و توران به علت حمله‌ی گُرازها محصولات خود را از دست داده‌اند و کمک می‌خواهند. کِیخسرو دستور داد که به هر کسی که این مشکل را حل کند ده اسب و ظرفی پر از طلا و جواهرات بدهند. بیژن ـ پسر گیوـ داوطلب شد. کِیخسرو دستور داد تا بیژن، گرگین میلاد را که با آن منطقه آشنایی داشت به همرا خود ببرد. گرگین در کشتن گُرازها کمکی به بیژن نکرد و بیژن به تنهایی تمامی گُرازها را کشت و برای

شود. کِیخسرو موفق به تسخیر دژ شد و شاه ایران شد. روزی عده‌ای به فرماندهی توس، عازم جنگ برای گرفتن انتقام خون سیاوش شدند. کِیخسرو امر کرد که در راه با مردم کشاورز مهربان باشند و سپاه باعث آزار آنها نشود. کِیخسرو از توس خواست که از راه بیابان به تُرکستان رود و از راه «کَلات» و «جَرَم» نرود چون کِیخسرو نمی‌خواست که توس با جریره و فرود، برادرش ـ برادر کِیخسروـ روبه‌رو شود. اما توس خلاف فرمان شاه از راه دیگر رفت. وقتی فرود خبر دار شد که گروهی برای انتقام پدر می‌روند تصمیم گرفت با آنها همراه شود. توس واقع‌بین نبود و فکر کرد که از اعتبار فرماندهی او کاسته می‌شود، بنابراین فرمان مرگ فرود را داد. سپاهیان توس قلعه فرود را محاصره کردند و بعد از جنگ بین فرود و بیژن ـ پسر گیوـ، فرود زخمی به قلعه بازگشت و به مادر هشدار داد که بر بالای قلعه برود و خود را به پایین بیندازد تا به اسارت نیفتد. جریره به اصطبل رفت و ابتدا اسب‌ها را درید و سپس سینه خود را شکافت و بر بالین فرزند از بین رفت. سپاهیان توس از افراسیاب شکست خوردند و بار دیگر تصمیم گرفتند که به جنگ افراسیاب بروند. آنها از کِیخسرو خواستند که رستم را به کمک آنها بفرستد. رستم به کمک رفت و با اشکبوس ـ سردار سپاه افراسیابـ جنگید و پیروز شد و شبانه لشکر افراسیاب گریخت و غنایم زیادی به جا ماند. در این زمان فریبرز از رستم خواست که از کِیخسرو اجازه بگیرد تا با مادرش فرنگیس ازدواج کند. کِیخسرو رضایت داد. روزی در قصر کِیخسرو جشنی برپا بود که خبر دادند گورخری تمام اسب‌ها را از بین می‌برد. کِیخسرو پی برد که آن گورخر موجودی اهریمنی است و از رستم کمک خواست.

اردوگاه تورانیان را به آتش کشیدند. افراسیاب خود به سمت دریای چین رفت و به پیران دستور داد تا کِیخسرو را از بین ببرد، تا او با رستم به خون خواهی پدر نیاید. پس از فرار افراسیاب، رستم با سپاهش، توران را تصرف کرد و خزانه‌ی افرسیاب را از آن خود ساخت و هفت سال به عنوان پادشاه توران در آن جا ماند. روزی «زواره» نزد برادرش رستم رفت و در مورد بی‌گناهی سیاوش و گرفتن انتقام او صحبت کرد و آتش انتقام را در دل رستم شعله ور ساخت. رستم دستور داد همه‌ی شهرها و روستاها را ویران کنند و به درخواست بزرگان و خطر احتمالی حمله‌ی افراسیاب به ایران بازگشت. افراسیاب به توران بازگشت تا به ایران حمله کند. در این زمان خشکسالی شد تا شبی گودرز در خواب دید که فرشته‌ی پیام‌آور بر روی ابر بزرگی نشسته و پیغام می‌دهد که تنها راه رهایی از ترکان متجاوز آن است که کِیخسرو بر تخت شاهی ایران بنشیند تا افراسیاب نابود شود. گیو ـ داماد رستم ـ، هفت سال به دنبال کِیخسرو گشت تا او را یافت و همراه مادر به ایران آورد. در راه بازگشت، پیران با سپاهی آنها را دنبال کرد. جنگی میان گیو و پیران در گرفت. در این جنگ، گیو پیروز شد و خواست که پیران را بکشد. فرنگیس و کِیخسرو به دلیل خوبی‌هایی که پیران در حق آنها کرده بود، از گیو خواستند که از کشتن او سر باز بزنند، او هم قبول کرد. کِیخسرو به ایران بازگشت. همه به استقبال او رفتند به جز توس که خود را جانشین کِیکاووس می‌دانست. کِیکاووس‌شاه برای انتخاب جانشین تصمیم گرفت یکبار، توس را با فریبرز و بار دگر، کِیخسرو را با گودرز برای تسخیر دژ بهمن (دژ جاودان) بفرستد و هر که پیروز شد، شاه ایران

تن سیاوش جدا کردند. از خون او که بر زمین چکید، گیاهی بنام «لاله» رویید که آن را «خون سیاوشان» نامیدند. افراسیاب به گرسیوز دستور داد تا فرنگیس را آنقدر چوب بزنند تا بچه‌ای که در شکم دارد، از بین برود. پیران واسطه شد و به افراسیاب گفت که صبر کند تا بچه به دنیا بیاید. پیران فرنگیس را با خود به شهر «خُتن» برد و او را به همسرش «گلشهر» سپرد تا از فرنگیس به خوبی مراقبت کند. پس از به دنیا آمدن ـکِیخسروـ فرزند سیاوش، پیران او را به کوهستان برد و تا ده سالگی، فنون تیراندازی و شکار را به او آموخت. پیران به کِیخسرو سفارش کرد که در محضر افراسیاب وانمود کند دیوانه است تا افراسیاب به صحت عقل او شک کند و او را نکشد. پس از مدتی کِیخسرو با مادرش به سیاوشگرد بازگشتند و مدتی را در آرامش سپری کردند.

داستان انتقام خون سیاوش

وقتی سیاوش به دستور افراسیاب کشته شد، خبر به ایران رسید و یک هفته عزاداری شد. در روز هشتم، رستم به همراه سپاهی به سوی پایتخت حرکت کرد و قسم خورد که انتقام خون سیاوش را بگیرد. او به شبستان شاه رفت و سودابه را کشان کشان بیرون آورد و با خنجر به دو نیم کرد. سپس سپاهی را مجهز به فرماندهی پسرش «فرامرز» به عنوان پیشرو فرستاد و خود با سپاهی بزرگ به دنبال او حرکت کرد. رستم دستور داد سر پسر افراسیاب «سُرخه» را از تَن جدا کنند. جنگ میان ایران و توران سر گرفت. افراسیاب بار دیگر گریخت و ایرانیان

ازدواج کند. سیاوش پذیرفت با دختر پیران ـجَریرهـ ازدواج کرد. بعد از مدتی پیران به سیاوش پیشنهاد کرد که برای استحکام دوستی او و شاه توران، با دختر افراسیاب ـفَرَنگیسـ نیز ازدواج کند. ابتدا او موافق نبود اما به اصرار پیران پذیرفت. ابتدا افراسیاب با این ازدواج موافق نبود اما پیران به او گفت: «فرزند سیاوش و فرنگیس، شاه ایران و توران خواهد شد و جنگ و خونریزی پایان خواهد یافت». سیاوش با فرنگیس ازدوج کرد و افراسیاب بخشی از توران را به سیاوش داد و سیاوش و همسرش در آنجا «گنگ دژ» را بنا کردند. سیاوش شهری دیگر را با ساختمان‌های زیبا و پرشکوه نیز بنا کرد و آن را سیاوش گرد نامید. او از جَریره صاحب پسری به نام «فرود» و از فرنگیس صاحب پسری به نام «کِی‌خسرو؛ کِیخسرو» شد. مدتی بعد، گرسیوز ـبرادر افراسیابـ به دیدن سیاوش و فرنگیس رفت و پس از بازگشت از محضر آن دو اعلام کرد که سیاوش قصد براندازی حکومت افراسیاب را دارد و لشکری را تدارک دیده است. افراسیاب نامه‌ای نوشت و در آن، از سیاوش خواست که به پایتخت برود اما گرسیوز به افراسیاب پیشنهاد کرد نامه را او به دست سیاوش برساند. گرسیوز نامه را به سیاوش داد و به او گفت: «افراسیاب قصد جان تو را کرده است و اگر تنها به پایتخت بروی بی‌تردید کشته خواهی شد». او به پایتخت بازگشت و شروع به بدگویی در مورد سیاوش کرد و به افراسیاب گفت که سیاوش دیگر فرمانبردار او نیست. روز بعد سیاوش به سفارش گرسیوز در زیر لباسش، زره پوشید و با سپاه به طرف افراسیاب حرکت کرد. سیاوش از حیله‌ی گرسیوز مطلع شد اما او را گرفتند و «گُروی زره» و «دَمور» سر از

ایران آماده شده است. سیاوش فرصت را مغتنم شمارد و برای فرار از دست فریبکاری‌های سودابه، فرماندهی جنگ را بر عهده گرفت. در آن جنگ، سیاوش پیروز شد. جنگ برای بار دوم سر گرفت اما افراسیاب خوابی دید و تعبیرش را بزرگان چنین گفتند که اگر با سیاوش بجنگد بی‌شک شکست می‌خورد. بنابراین افراسیاب تصمیم به صلح گرفت اما رستم و سیاوش به او گفتند که اگر قصد نیرنگ ندارد، باید صد نفر از نزدیکان خود را به عنوان گروگان نزد آنها بفرستد. سپس کِیکاووس را از این تصمیم مطلع می‌کنند تا او تصمیم نهایی را در مورد گروگان‌ها بگیرد. کِیکاووس با تندخویی نامه‌ای به سیاوش نوشت و از او خواست که گروگان‌ها را دست و پا بسته به پایتخت بفرستد و خود با سپاه به توران حمله کند. همچین کِیکاووس در نامه به سیاوس گفت: اگر چنین نمی‌کند، فرماندهی سپاه را به توس بدهد و خود نزد شاه بازگردد. سیاوش که نمی‌توانست نزد پدر به دلیل حیله‌های سُودابه بازگردد، و از طرفی نیز نمی‌خواست گروگان‌های بی‌گناه را به کشتن دهد، تصمیم گرفت که تَرک دیار کند و گروگان‌ها را آزاد کند. پیران ـوزیر افراسیابـ این کار را بسیار سودمند دانست و به او گفت: «وقتی کِیکاووس از بین برود، سیاوش به تخت شاهی می‌نشیند و حرمت مهمان‌نوازی را خواهد داشت و دو کشور یکی خواهند شد». جشنی بزرگ برای ورود سیاوش به توران برپا شد. گَرسیوَز ـبرادر افراسیابـ از اُبُهت و بزرگی سیاوش، ناراحت شد و به خاطر شکست‌هایی که در بازی‌های رزمی خورده بود، کینه‌ی او را به دل گرفت. بعد از یک سال، پیران، سیاوش را متقاعد کرد که یا با دختر افراسیاب، یا دختر گرسیوز و یا دختر خودش

با هدایایی نزد کِیکاووس بازگشتند و هفت سال اوضاع به آرامی گذشت. سال هشتم شاه فرمانروایی سرزمین کُهِستان ـماوراالنهرـ را به فرزندش سپرد. یک روز هنگامی که کیکاووس و سیاوش در کنار هم نشسته بودند، سودابه ـنامادری سیاوشـ همسر شاه وارد شد و از دیدن سیاوش دل از دست می‌دهد و شیفته او می‌شود. بعد از چند روز، سودابه پیغامی به سیاوش فرستاد و به او گفت: «من مثل مادرت هستم. باید گاهی به شبستان بیایی و احوال پرس من و خواهرانت باشی». سیاوش در جواب نامادری‌اش، به او می‌گوید که اهل رزم است نه اهل بزم. اما سودابه نزد کِیکاووس رفت و او را متقاعد کرد که سیاوش را به شبستان بفرستد. سیاوش به شبستان رفت و سودابه در آنجا به او اظهار علاقه کرد. اما سیاوش به او گفت که هیچوقت به پدرش خیانت نخواهد کرد. اما سودابه او را تهدید کرد و به او گفت: «اجازه نمی‌دهم مرا به خاطر نیتم پیش همه رسوا کنی». سودابه شروع به شیون و زاری کرد و سیاوش را متهم به خیانت کرد. شاه دست و بازوی سیاوش را بو کرد اما اثری از عطر سودابه حس نکرد. پس به سودابه بدگمان شد و خواست که او را مجازات کند اما به یاد پرستاری سودابه از خود در زمانی که اسیر شاه ماوران بود افتاد. شاه با بزرگان مشورت کرد و آنها چاره‌ی کار را «وَرگرم» دانستند. سیاوش و سودابه باید از آتش می‌گذشتند تا بی‌گناهی و گناهکاری آنها مشخص شود. سیاوش با لباسی سفید، سوار اسبی سیاه از آتش عبور کرد و به سلامت بیرون آمد. سپس دستور کشتن سودابه صادر شد اما شاه او را عفو کرد. مدتی بعد خبر رسید که افراسیاب با صد هزار سرباز، برای حمله به

او حُقه‌ای زد و به او گفت: «در ایران رسم نبرد این است که برای دوم حریف را می‌کشند و به او فرصتی می‌دهند». او با این حرف، سهراب را فریب داد. در روز سوم، رستم بر سهراب پیروز شد و با خنجری سینه‌ی سهراب را درید. سهراب غرق در خون فریاد زد: «پدرم رستم، انتقام خون من را از تو می‌گیرد». رستم نشانی او را خواست و او بازوبندش را نشان داد و جهان پیش جهان‌پهلوان، تیره و تار شد. رستم «گودرز» را نزد کِیکاووس فرستاد تا به او نوش‌دارو بدهد اما شاه چون از قدرت پدر و پسر می‌ترسید، از دادن نوش‌دارو به او امتناع کرد و سهراب جان به جان آفرین تسلیم شد.

داستان سیاوش

روزی «گیو» و «توس» با گروهی سوار به سرزمین تُرکان رفتند تا برای خوراک چهل روز، شکار کنند. آنها در مسیر دختری تنهاها را یافتند. آن دختر خود را از خویشان «گَرسیوَز» ـبرادر افراسیابـ معرفی کرد. گیو و توس بر سر دختر نزاع کردند و دختر را نزد کِیکاووس بردند تا او داوری کند. کِیکاووس وقتی دختر زیبا را دید و از اصالت او آگاه شد، تصمیم گرفت او را به همسری برگزیند و به گیو و توس هدایای عالی و اسب‌های گران‌قیمت هدیه داد. بعد از روزگاری، از ازدواج کیکاووس و آن دختر، پسری به نام «سیاوش» به دنیا آمد. شاه از رستم خواست که سیاوش را با خود به سیستان ببرد و به او آیین مملکت‌داری، پهلوانی و هنرهای رزمی بیاموزد. سال‌ها گذشت و رستم و سیاوش

گژدهم نامه‌ای برای کِیکاووس نوشت و در آن تنها حریف مرد جوان را، رستم دانست.

روز بعد، سهراب به دژ حمله کرد اما دژ را خالی یافت و بسیار غمگین شد. در این زمان کِیکاووس نامه‌ای به رستم فرستاد و از او خواست تا همراه گیو به قصر برود. در ابتدا رستم سر باز زد اما سرانجام بعد از سه روز با اصرار گیو راهی قصر شد. کِیکاووس از آنها بسیار خشمگین شد و دستور داد که آنها را به دار آویزند. رستم هنگامی که از قصد کِیکاووس مطلع شد، او را بر زمین زد و به او گفت: «به راستی که پس از این سال‌ها خدمتی که به تو کردم، سزاوار پادشاهی نیستی». کِیکاووس پشیمان شد و از رستم دلجویی کرد. هنگام شب، رستم با لباس تورانیان وارد لشکر سهراب شد تا او را ببیند. کنار سهراب، «ژندرَزم» ـ برادر تهمینه ـ نشسته بود. ژندرَزم، تنها کسی بود که می‌توانست پدر را به سهراب نشان دهد.. ژندرزم به دنبال سایه‌ی رستم رفت و رستم با ضربه‌ای ژندرزم را از پا در آورد. سهراب از این موضوع خشمگین شد و قسم خورد که خون بسیاری از ایرانیان را خواهد ریخت. قبل از شروع جنگ، سهراب «هَجیر» را به حضور خواند و در مورد پهلوانان ایران از او پرسید. سهراب امیدوار بود که هجیر بتواند پدر ـ رستم ـ را به او معرفی کند. هَجیر همه را معرفی کرد اما چون نگران بود که سهراب گزندی به رستم بزند، او را پهلوانی از چین معرفی کرد و امید سهراب را نا امید کرد. جنگ بین رستم و سهراب در گرفت. روز اول بی‌نتیجه ماند و هر دو از دلاوری‌های هم مبهوت مانده بودند. در روز دوم، سهراب رستم را بر زمین زد و همین که می‌خواست سر از تن او جدا کند، رستم به

پادشاه سمنگان -تَهْمینِه- نزد رستم رفت. رستم شبانه شخصی را به دنبال موبدی فرستاد و آن دو با هم ازدواج کردند. صبح روز بعد، رستم عازم ایران شد اما قبل از سفر مهره‌ای گران‌بها به تهمینه داد و گفت: «اگر فرزندمان دختر باشد، این مهره را بر موهای او و اگر پسر بود، آن را به بازوانش ببند». مدتی بعد تهمینه صاحب فرزند پسری شد و او را «سُهراب» نامید. وقتی پسر به سن نوجوانی رسید، نزد مادرش رفت و در مورد پدرش از او پرسید. تهمنه، نام و نشان رستم را به او داد و به او تأکید کرد که نباید این راز برای پادشاه توران -افراسیاب- برمَلا شود زیرا او دشمن رستم بود و ممکن بود آسیبی به سهراب برساند. غافل از این که افراسیاب از این راز آگاه بود. مدتی بعد سهراب با لشکری به ایران رفت تا با از بین بردن کِیکاووس، پدرش را به پادشاهی برساند. خبر این لشگرکشی به افراسیاب رسید و او دو نفر از سرداران خود «هومان» و «بارمان» را همراه با لشگری به کمک سهراب فرستاد. همچنین به آنها سفارش کرد که نگذارند رستم، سهراب را بشناسد تا شاید پدر به دست پسر کشته شود و افراسیاب به هدفش یعنی پادشاهی ایران برسد. سپاهیان افراسیاب به دژ سفید رسیدند اما مرزبان دژ «گژدَهَم»، پیر بود و توانایی نبرد نداشت. در این هنگام، نگهبان دژ »هَجیر«، لباس رزم پوشید و به جنگ با سهراب رفت اما مغلوب شد و به اسارت سپاه توران در آمد. گژدهم، دختری نیرومند، به نام «گُردآفرید» داشت که در سوارکاری و تیراندازی ماهر بود. او نیز لباس رزم پوشید و به جنگ سهراب رفت و وقتی مغلوب شد، سهراب کلاه او را در آورد و متوجه زن بودن او شد اما گُردآفرید از او گریخت و وارد قَلعه شد. صبح روز بعد

❖ داستان هفت گُردان ❖

روزی «گیو» پیشنهاد داد که برای گردش به شکارگاه افراسیاب بروند و هفته‌ای را در آنجا به تفریح و شکار بپردازند. از پهلوانان، هفت گُرد موافقت کردند و سحرگاه روز بعد، گودرز، گیو، گرگین بهرام، توس، زنگنه شاوَران، گُستَهَم، گُرازه و رستم به سمت شکارگاهی که بین جیحون، بیابان خوارزم و سَرَخس بود، رفتند. در روز هشتم رستم به پهلوانان گفت: «احتمالا خبر ورود ما به افراسیاب رسیده است بنابراین باید مراقب حمله باشیم». چند روز بعد میان هفت گُرد و گروه افراسیاب درگیری به وجود آمد و رستم با رَخش به سمت افراسیاب حمله کرد. رستم کمندی برای گرفتن او پرتاب کرد اما کمند رستم به کلاهخود او برخورد کرد و شاه توران ـ افراسیاب ـ بار دیگر از دست رستم جان سالم به در برد.

❖ داستان رستم و سهراب ❖

روزی پهلوان ایران ـ رستم ـ تصمیم به شکار گرفت و عازم سفر به توران شد. او پس از مدتی از شکار خسته شد و به استراحت پرداخت و رَخش را برای چَرا رها کرد. در این هنگام چند سوار تورانی، رَخش را پیدا کرده و با خود به توران بردند. پس از آنکه رستم از خواب بیدار شد به دنبال رَخش به شهر سمنگان رفت و خبر ورود پهلوانِ پهلوانان به شاه سمنگان رسید و او به استقبال رستم رفت. رستم یک شب را در قصر سمنگان گذارند تا رَخش پیدا شود. در نیمه‌های شب، دختر

از بزرگان به سیستان رفتند و از زال و رستم خواستند که یکی از آن دو بر تخت شاهی بنشیند و دست دشمنان را از کشور کوتاه کند. آنها نپذیرفتند و تصمیم گرفتند کِیکاووس را نجات دهند. رستم با سپاهی به جنگ رفت. شاه بَربَر اسیر «گُرازه» شد، شاه مصر با شمشیر «زَواره» از پا در آمد و شاه شام به دست رستم کشته شد. شاه هاماوران بی‌یار و بی‌متحد ماند و به ناچار اُسرا را آزاد کرد. ایران از دشمنان پاک شد و کِیکاووس با آرامش به تخت پادشاهی نشست و به رستم لقب جهان‌پهلوان داد. مدتی گذشت؛ کِیکاووس دستور داد کاخ با شکوهی از جواهرات نفیس برایش بسازند. روزی ابلیس فریبکار نزد او رفت و به او گفت: «تو شوکت و جلالت از شاهان گذشته بیشتر است و باید از راز آسمان‌ها آگاه شوی زیرا در آسمان است که سرنوشت آدمیان رقم می‌خورد». سرانجام او را راضی کرد که به آسمان برود و فرمان داد تا تختی برای کِیکاووس بسازند و چهار نیزه بر چهار گوشه‌ی آن نصب کنند. اوِ برِ نوک هر نیزه، قطعه گوشتی گذاشت و پای چهار عقاب گرسنه را به چهار گوشه تخت بست. بنابراین پس از مدتی کی کاووس از تخت سقوط کرد. خبر به رستم رسید و او به دنبال کِیکاووس روانه شد. او را پیدا کرد و با خود به پایتخت برد. کِیکاووس نادم و پشیمان، یک هفته در پیشگاه خداوند اظهار پشیمانی کرد.

مازندران در خواست او را نپذیرفت. جنگی خونین آغاز شد و سرانجام رستم با شجاعت، شاه مازندران را کشت و سپاه او را مغلوب کرد.

جنگ هاماوران و رفتن کِیکاووس به آسمان

کِیکاووس مردی بی‌خِرَد و بی‌تدبیر بود و نسنجیده درگیر حوادثی می‌شد که خود و ایران را نیز دچار مشکل می‌کرد. روزی کِیکاووس تصمیم گرفت در قلمرو حکومت خود گردش کند. وقتی به مرز توران و چین رسید، با شاه بَربَر وارد جنگ شد و بعد از آن که پیروز شد، یک ماه مهمان زال و رستم بود. هنگام مراجعت به پایتخت، خبر سرکشی شاه هاماوران را شنید و ایران را به زال و رستم سپرد و خود با سپاهی برای سرکوب یاغیان رفت. او شاه هاماوران را شکست داد و شاهان مصر و شام نیز تسلیم شدند و هدایایی نفیس برای شاه ایران بردند. کِیکاووس خُرسند از این پیروزی، تصمیم به بازگشت گرفت اما شنید که شاه هاماوران دختری زیبا به نام «سُودابِه» دارد. او بدون فکر دختر را خواستگاری کرد. شاه هاماوران راضی نبود اما دختر به او جواب مثبت داد. شاه هاماورن حیله‌ای اندیشید و یک هفته کِیکاووس و همراهانش را با جشن و پایکوبی سرگرم کرد و زمانی که آنان آماده‌ی نبرد نبودند با سپاهیانش به آنها حمله کرد و کِیکاووس را اسیر کرد و به زندان انداخت و از سُودابه خواست که نزد او باز گردد. سُودابه امتناع کرد و شاه سُودابه را هم نیز به زندان انداختند. دشمنان از هر سو به ایران حمله کردند. از یک سو اعراب و از سوی دیگر افراسیاب. گروهی

مرغزاری که خانه‌ی اژدهایی در آن بود.

خان چهارم:

زن جادوگری که با شنیدن نام خدا از زبان رستم، سیاه و تیره شد و رستم او را به دو نیم کرد.

خان پنجم:

کشتزاری سبز، که رستم رَخش را برای چَرا در آنجا رها کرد و خود به خواب رفت. نگهبان آنجا با چوبی به پای رستم زد و رستم گوش‌های او را برید. نگهبان پیش اولاد رفت و شکایت رستم را کرد اما رستم اولاد را شکست داد و به او گفت که اگر مکان دیوها و جای زندانی شدن کِیکاووس را نشان دهد، او را خواهد بخشید و وعده‌ی فرمانداری مازندران را به او داد.

خان ششم:

رستم ارژنگ دیو را کشت و به خان هفتم رفت.

خان هفتم:

اولاد، رستم را از خواب نیمروز دیوها مطلع کرد و هنگام ظهر، رستم داخل غاری که در آن دیو سفید زندگی می‌کرد شد اما چون جوانمرد بود، دیو را در خواب نکشت و او را با صدای بلند بیدار کرد و بعد از جنگی سخت پیروز شد و جگر سفید دیو را بیرون کشید و با خون جگر دیو، چشم کِیکاووس و همراهانش را بینا کرد. سپس کِیکاووس نامه‌ای به شاه مازندران فرستاد و از او خواست که تسلیم شود اما شاه

که تورانیان باید به آن سوی جیحون بروند و مرزهای تعیین شده در زمان منوچهر را محترم بشمارند. کِیقُباد مدت ده سال با عدل حکومت کرد و وقتی به پیری رسید از چهار پسر خود، «کِی‌کاوس؛ کِیکاووس»، «کِی‌پَشین»، «کِی‌آرش؛ کیارش» و «کِی‌آرمین»، کِیکاووس را جانشین خود کرد و بعد از مدتی چشم از جهان فروبست.

داستان هفت خان رستم

کِیکاووس ـ شاه ایران‌زمین ـ پادشاهی خودرأی و تندخُو بود. روزی او در حال عیش و نوش بود که دیوی در لباس یک بانوی زیبا بر او ظاهر شد و از زیبایی‌ها و هوای دل‌انگیز مازندران برایش داستان‌ها گفت و او را شیفته‌ی سفر به مازندران کرد. خِرَدمندان سعی کردند او را منصرف کنند و به او گفتند که مازندران جای دیوان و جادوگران است اما شاه ذره‌ای به حرف آنان توجه نکرد. شاه به مازندران رفت. دیوها او را گرفتند و در بند کردند. یکی از سپاهیان که موفق به فرار شده بود، نزد زال رفت و از او کمک خواست. رستم برای نجات کِیکاووس روانه‌ی مازندران شد و هفت‌خان را آغاز کرد.

خان اول؛ «شیر در نیستان»:

رَخش با دو پا بر سر شیر کوفت و او را کشت.

خان دوم؛ «بیابانی گرم و سوزان»:

رستم از دور میشی را دید، به دنبال میش رفت تا به چشمه آب رسید.

خان سوم:

رَخش ـ را گرفت و با مشتی مادیان را دور کرد و قیمت اسب را از چوپان پرسید. چوپان گفت: «بهای این اسب این است که تو بر پشت او، دست دشمن را از ایران کوتاه کنی». در همان زمان زال خبردار شد که جوانی خردمند به نام «کِی‌قُباد؛ کِیقُباد» در البرز کوه زندگی می‌کند و کسی از او برای شاهی سزاوارتر نیست. زال، رستم را برای آوردن کِیقُباد فرستاد. رستم، کِیقُباد را با گروهی از جوانان که مشغول صحبت و خنده بودند پیداکرد و به او گفت که قصد دارد او را همراه خود برای پادشاهی به پایتخت ببرد. کِیقُباد خود را معرفی کرد و خوابی که شب قبل دیده بود را بازگو کرد. کِیقُباد گفت: «دو باز سفید با تاج سلطنت به سوی من آمده بودند و تاج را بر سرم گذاشته بودند». در میان راه سپاهیان افراسیاب، راه را بر رستم و کِیقُباد می‌بندند اما رستم آن‌ها را شکست می‌دهد و آن‌ها سرانجام به پایتخت می‌رسند و یک هفته جشن و سُرُور برپا می‌کنند. روز هشتم، کِیقُباد بر تخت شاهی نشست اما مدتی بعد جنگی سرگرفت. در جنگ، رستم نوجوان با افراسیاب جنگید و به افراسیاب حمله کرد. او کمربند افراسیاب را گرفت و او را از زمین بلند کرد تا او را به سمت لشگرگاه ایران ببرد. در این حین کمربند پاره شد و افراسیاب به زیر دست و پای اسبان افتاد. سواران تُرک، افراسیاب را از میدان بیرون بردند و تورانیان عقب‌نشینی کردند. آن‌ها چاره‌ای جز فرمان آتش‌بس نداشتند و شاه نیز پذیرفت. رستم موافق نبود و گفت: «پَشَنگ و افراسیاب حیله‌گرند و دوباره به ایران حمله خواهند کرد». کِیقُباد زیان‌های جنگ را به رستم یادآوری کرد و رستم خردمندانه پذیرفت. شاه نامه‌ای به پَشَنگ فرستاد و اعلام کرد

را آزاد کند». هنگامی که افراسیاب از عقب نشینی برادر و آزادی اُسرا مطلع شد، اغریرَث را به دو نیم کرد. ایران شاه نداشت و هیچکدام از پسران نوذر هم شرایط برتخت نشستن نداشتند. بنابراین به سراغ «زوطهماسب» از نسل فریدون رفتند و او را بر تخت شاهی نشاندند. جنگ دو سپاه بسیار طولانی شد و خشکسالی و قحطی همه جا را فرا گرفت اما سرانجام آنها این موضوع را خشم خداوند خواندند و راضی به صلح و آشتی شدند. بعد از مدتی باران بارید و مردم به صلح و آرامش رسیدند.

داستان کِیقُباد

وقتی زوطهماسب به هشتاد و شش سالگی رسید، چشم از جهان فروبست و پسرش ـگرشاسبـ به تخت پادشاهی نشست و مانند پدر، عادل بود. او پس از نُه سال از دنیا رفت. در این زمان ایران پادشاهی نداشت و بار دیگر پَشَنگ، پسرش افراسیاب را با سپاهی روانه ایران کرد. زال در این زمان پیر بود و پسرش ـرستمـ را برای لشکرکشی آماده کرد. رستم، بر روی هر اسبی می‌نشست آن اسب نمی‌توانست قدم از قدم بر دارد. بنابراین زال دستور داد گلّه اسبان را از کوه و دشت نزد رستم بیاورند. در آن میان، مادیانی سفید که کره اسبی همراهش بود، توجه رستم را جلب کرد. چوپان گفت : «نام این کُرّه اسب "رَخش" است اما تا به حال کسی نتوانسته است سوار آن شود و مادرش با لگد زدن از او حمایت می‌کند». رستم با طنابی کرّه اسب

که به شاه وفادار باشند. سام، نوذر را به عدالت دعوت کرد و نوذر اظهار پشیمانی کرد. اوضاع کشور کمی مرتب شد و سام به مازندران بازگشت. در این زمان پَشَنگ ـ پدر افراسیاب، فرمانروای توران زمین ـ از مرگ منوچهر و نابسامانی ایران با خبر شد و فرصت را برای حمله به ایران مناسب دید. «اَغریرَث» برادر افراسیاب ـ پسر دیگر پشنگ ـ این کار را شایسته ندانست و گفت: «مدت زمانی است که ایران و توران در آرامش و صلح به سر می‌برند و پدربزرگ ما ـ زادشَم ـ برای این کار بسیار تلاش کرده است». اما پشنگ که مردی کینه‌توز بود، جنگ را آغاز کرد. جنگ آغاز شد اما سپاه ایران کم بود و زال برای مراسم عزاداری سام، پایتخت را ترک کرده بود. در آن زمان تنها پهلوان ایران، «قارَن کاوه» بود. ایرانیان شکست خوردند. افراسیاب دو سردار خود، «شَماساس» و «خَزروان» را به سیستان فرستاد زیرا در آن زمان زال به گُرگسار برای مراسم پدرش رفته بود و در غیاب او مهراب ـ پدر رودابه ـ شهر را اداره می‌کرد. مهراب وقتی از قصد دو سردار با خبر شد، تدبیری اندیشید و پیغام داد که بدون جنگ تسلیم آنها می‌شود و از آنها خواست که چند روز استراحت کنند اما پیغامی برای زال نیز فرستاد تا فورا به سیستان بازگردد. زال بازگشت و سپاه توران را شکست داد. بعد از شنیدن خبر این شکست، افراسیاب خشمگین شد و به تلافی سر از تن نوذر جدا کرد و می‌خواست اُسرا را نیز بکشد که اغریرَث ـ برادر افراسیاب ـ مانع شد و مراقبت از آنان را بر عهده گرفت. اسیران از اَغریرث خواستند که آنها را آزاد کند و او گفت: «وقتی زال به اینجا برسد من به بهانه نداشتن قدرت، عقب‌نشینی می‌کنم و شما به زال پیغام بفرستید تا بیاید و شما

که با دارویی رودابه را بیهوش کنند و پزشکی حاذق پهلوی او را بشکافد و کودک را به دنیا آورد و گیاهی را در شیر بخیسانند و در سایه خشک کنند و بر جراحت مادر بگذارند و پر سیمُرغ را بر آن بکشند تا جراحت خوب شود. سرانجام رستم به دنیا آمد و رودابه گفت: «من به یاری سیمُرغ، از درد بسیار رَستم، به همین دلیل نام فرزندم را رُستم گذاشتم». ده‌ها دایه به رستم شیر می‌دادند تا سیر شود. رستم تحت آموزش‌های پدر، روز به روز نیرومندتر و دلیرتر شد و به جوانی رسید. زال از رستم خواست که برای گرفتن انتقام خون جدش نریمان، که به دست مردمان حصار کوه کشته شده بود، اقدام کند. رستم و همراهانش به صورت ناشناس با کاروانی که به قلعه‌ای در حصار کوه می‌رفت، همراه شدند. آن‌ها توانستند قلعه را تسخیر کنند و با غنائم و ثروت زیادی که از خزانه به دست آورده بودند نزد زال به سیستان بازگشتند.

پادشاهی نوذر

منوچهر ـ نوه‌ی ایرج ـ، پس از صد و بیست سال پادشاهی از دنیا رفت و نوذر پس از او به پادشاهی رسید. او جوانی بی‌تجربه و جاه طلب بود. نوذر با غرور و بی‌فکری، اوضاع کشور را نابسامان کرد و مردم از ظلم و ستم او به ستوه آمدند. نوذر از ترس شورش مردم، نامه‌ای به سام در مازندران نوشت و از او کمک خواست. سام به پایتخت رفت. بزرگان از بی‌خردی شاه شکایت کردند و از سام خواست که بر تخت سلطنت بنشیند. سام آن‌ها را سرزنش کرد و از آنان خواست

داستان زال و رُودابِه

زال فرمانروای سیستان شد. روزی زال به سمت کابل رفت و فرمانروای کابل «مِهراب» با شنیدن خبر رسیدن زال با هدایای نفیسی به استقبال او رفت و او را دعوت کرد اما زال به دلایلی دعوت او را نپذیرفت. اطرافیان زال از زیبایی و کمالات دختر مِهراب ـ رُودابِه ـ برایش داستان‌ها گفتند و زال بدون آنکه او را ببیند شیفته و عاشق رودابه شد. مِهراب هم از خردمندی، ادب و پهلوانی زال برای همسرش «سیندُخت» و دخترش «رُودابِه» تعریف کرد و باعث علاقه رودابه به زال شد. ابتدا سام موافق به این ازدواج نبود زیرا رودابه از نوادگان ضحاک بود اما به دلیل بی‌مهری که در گذشته نسبت به زال داشت، راضی به این ازدواج شد و از شاه ـ منوچهر ـ اجازه خواست. شاه بسیار خشمگین شد و از سام خواست با سپاهش به کابل حمله کند و خاندان «مِهراب» را نابود کند. زال به سام متوسل شد که شاه را راضی کند. وقتی زال از تمام آزمون‌های منوچهر سربلند و موفق بیرون آمد، شاه با ازدواج او و رودابه موافقت کرد و آن دو با هم ازدواج کردند.

داستان زادن رستم

بعد از گذشت چند ماه از ازدواج زال و رودابه، رودابه باردار شد اما هر روز ضعیف‌تر می شد و از شدت درد از هوش می‌رفت. زال سراسیمه شد و به خاطر آورد که سیمُرغ پری به او داده تا در زمان سختی‌ها آن را در آتش بیندازد و از او کمک بخواهد. سیمُرغ همچنین دستور داد

داستان زادن زال

در زمان پادشاهی منوچهر، پهلوانی دلیر به نام سام نریمان زندگی می‌کرد. او فرزندی نداشت و همیشه به درگاه خداوند دعا می‌کرد که پسری سالم و نیرومند داشته باشد. سرانجام پسری به دنیا آمد سالم و نیرومند، اما موهای سر و بدنش همه سپید ـزال‌ـ بود. تولد کودک را یک هفته از سام پنهان کردند اما هنگامی که سام بچه را دید، بسیار نا امید شد. نا امید از این که چه گناهی مرتکب شده است که سزاوار چنین عقوبتی است. او از روی خشم دستور داد تا کودک را به دامنه‌ی کوه البرز ببرند و در آنجا رها کنند. کودک یک روز تمام گریه کرد. سیمُرغ او را پیدا کرد و صدایی از غیب آمد که مراقب این کودک باش زیرا از نسل او مردی به دنیا می‌آید که پشت و پناه ایران و نگهبان تاج و تخت است. سیمُرغ از کودک مراقبت کرد تا جوانی برومند و دلیر شد. سال‌ها گذشت تا این که یک شب سام خوابی دید و از کار اشتباهش پشیمان شد و با گروهی از سپاهیانش به کوه البرز رفت تا زال را پیدا کند. او زال را یافت از او دلجویی کرد و احساس ندامت و پشیمانی کرد. سپس با شادی فرزندش را در آغوش کشید و او را «زال زر» به معنای پیر نامید. هنگامی که آن‌ها به سیستان بازگشتند سام، حکومت منطقه را به زال زر سپرد. زال پس از بدرقه‌ی پدر و همراهان، بزرگان و خردمندان را گِرد هم آورد و از آنان رموز حکمرانی و عدالت آموخت و نیز به یادگیری سوارکاری، جنگاوری و رسوم پهلوانی مشغول شد.

سَرو، راضی به جدا شدن از دخترانش نبود و پیشنهاد داد که پسران فریدون را بیازماید. فریدون قبل از سفر به پسرانش تعلیمات لازم را داد و از آن‌ها خواست که سربلند از آزمایشات سَرو بیرون بیایند. پسران فریدون موفق شدند و با سه دختر و هدایای نفیس بازگشتند اما در راه فریدون برای آن که شجاعت پسرانش را بیازماید با جادویی تبدیل به اژدها شد و در راه بازگشت بر آن‌ها ظاهر شد. پسر بزرگ از خطر پرهیز کرد. پسر دوم تصمیم گرفت با اژدها بجنگد اما پس از مدتی کوتاه از خطر دوری کرد و اما پسر کوچکتر شمشیر کشید و به اژدها حمله کرد. فریدون به ناگهان غیب شد و به قصر بازگشت. فریدون در مراسم نامگذاری پسر بزرگ که از جنگ با اژدها جان سالم به در برده بود را «سَلم»، پسر دوم که با شجاعت ظاهر شده بود اما به مقابله با خطر نرفته بود را «تور»، و پسر کوچکتر را که برای رزم شتافته بود را «ایرَج» نامید. آنگاه همسر سَلم را «آرزو»، همسر تور را «آزاده خو» و همسر ایرج را «سَهی» نامید. فریدون «مغرب» یعنی روم را به سَلم، «مشرق» را به تور و «ایران» را به ایرج سپرد اما دو برادر به خاطر حسادت به ایرج، او را کشتند و سر او را برای پدر فرستادند و فریدون مدت‌ها عزاداری کرد. در این زمان، همسر ایرج باردار بود و دختری به دنیا آورد و فریدون بعدها او را به همسری برادرزاده‌ی خود «پَشَنگ» در آورد. دختر ایرج و پَشَنگ صاحب پسری شدند و نام او را «منوچهر» گذاشتند. سال‌ها بعد منوچهر با سپاهی بزرگ به جنگ سَلم و تور رفت و آن‌ها را شکست داد و با نیزه از بین برد و با سپاه و غنایم نزد فریدون بازگشت. مدتی بعد فریدون از جهان رفت و منوچهر بر تخت شاهی نشست.

پادشاهی ستمکار و بد نهاد بود و جوانان زیادی را قربانی مارهای روی شانه‌هایش کرد. شبی ضحاک خواب دید که جوانی او را نابود می‌کند و او را در البرز کوه _ کوه البرز_ زندانی می‌کند. بنابراین دستورداد تمام فرزندان پسری که متولد می‌شوند را، بکشند. در این میان پسری از نژاد طهمورث به دنیا آمد که پدرش _آبتین_، توسط مأموران ضحاک کشته شده بود. مادرش _فرانک_، نام پسر را فریدون نهاد و از ترس جانش او را به البرز کوه برد و به مردی پرهیزکار سپرد تا در امان باشد. از طرفی دیگر کاوهی آهنگر مرد نیرومندی بود که ضحاک هفده تن از هجده فرزندش را کشته بود. کاوه برای دادخواهی به پا خاست و با فریدون متحد شد. کاوه چرم پیشبند آهنگری را بر سر نیزه زد و در قیامش آن را به همراه داشت؛ بعدها آن پرچم را با گوهرها و پارچه‌های اَلوان آراستند و «دِرَفش کاویانی» نامیدند. فریدون، ضحاک را به بند کشید و او را در البرز کوه زندانی کرد.

داستان پادشاهی فریدون

پس از آن که فریدون پسر آبتین، ضحاک را شکست داد در آغاز ماه مهر تاج شاهی را بر سر گذاشت و جشن «مِهرگان» را پایه گذاری کرد. فریدون پانصد سال پادشاهی کرد و «تَمشیه» را به عنوان مرکز حکومت خود برگزید. پنجاه سال از پادشاهی فریدون گذشت و او از دو خواهر جمشید، شهرناز و اَرنَواز صاحب سه فرزند _سه پسر_ شد. آن‌ها برای سه پسر، سه دختر شایسته‌ی پادشاه یَمن _سَرو_ را در نظر گرفتند اما

از او روی برگرداندند و نزد ضحاک رفتند و از او خواستند که به جای جمشید بر تخت شاهی بنشیند. هنگامی که جمشید از این موضوع آگاه شد، فرار کرد اما او را در دریایی یافتند و به دستور ضحاک او را با ارّه به دو نیم کردند.

ضحاک مار به دوش

در سرزمین اعراب، امیری به نام مَرداس زندگی می‌کرد که بسیار نیکوکار و خداپرست بود. او پسری به نام ضحاک داشت. روزی ابلیس به صورت مردی نیکوکار بر ضحاک ظاهر شد و به او گفت که پدرش عمری دراز دارد و او بر تخت شاهی نخواهد نشست و ضحاک را وسوسه کرد که پدرش را بکشد. ضحاک با ابلیس همدست شد و سپس در باغ پادشاه گودالی کندند. هنگام شب پادشاه نیکوکار _مرداس_ در گودال افتاد و دار فانی را وداع گفت. بار دیگر ابلیس در لباس آشپزی ماهر بر ضحاک ظاهر شد. با وجود اینکه مردم آن زمان فقط از گیاهان تغذیه می‌کردند، ابلیس از گوشت گوساله غذایی آماده کرد و به ضحاک داد و او را خشنود کرد. ابلیس از ضحاک خواست که بر شانه‌های ضحاک بوسه بزند. ضحاک که هدف او را نمی دانست به او اجازه داد. پس از بوسیدن ابلیس، از شانه‌های ضحاک دو مار بیرون آمد. بار سوم ابلیس به صورت پزشکی بر ضحاک ظاهر شد و گفت که باید از مغز آدمیان به مار داده شود تا مارها بزرگتر نشوند؛ هدف ابلیس این بود که نسل انسان‌ها را از بین ببرد. متاسفانه ضحاک پادشاه ایران شد. او

شب را به روزه و نیایش می‌گذراند. روزه و نماز شب رسمی است که از زمان شَیسَب به جای مانده است. طهمورث سی سال پادشاهی کرد و سپس جمشید، پسر او بر تخت شاهی نشست.

پادشاهی جمشید

هنگامی که جمشید پادشاه شد، آهن را نرم کرد و زره و کلاهخُود ساخت و بافتن پارچه‌های کتان و ابریشم را به مردم آموخت. او پنجاه سال را صرف طبقه‌بندی مردم کرد. نگهبانان و پارسایان را نگهبان آتش کرد و افراد دلیر و جنگاور را برای حراست کشور برگزید. گروه سوم که اهل کشت و کار بودند را کشاورز و گروه چهارم را که به کارهای صنعتی مشغول بودند، صنعتگران و دست‌ورزان نامید. پنج سال زمان برد تا مردم جایگاه خود را فهمیدند. جمشید به دیوها دستور داد که خاک را با آب مخلوط کنند و خشت بسازند و از خشت و سنگ، خانه‌ها ساخته شد و استخراج معادن نیز آغاز شد. در زمان جمشید در زمینه‌ی گیاهان دارویی تحقیقات و مطالعات زیادی انجام شد و پزشکی رواج یافت. جمشید در روز اول فروردین فرمان داد جشنی بزرگ برپا کنند و خود بر تخت نشست و آن روز را «روز نو» نامید. جشن نوروز از جمشید به یادگار مانده است. جمشید سیصد سال پادشاهی کرد اما پس از مدتی خودپسندی و غرور وجودش را فرا گرفت و اعلام خدایی کرد. مردم از ترس جانشان سکوت می‌کردند اما خداوند اندک اندک شکوه و جلال او را از او گرفت و طی بیست و سه سال سپاهیانش پراکنده و مردم

داستان پادشاهی کیومرث

اولین کسی که رسم شاهی را پایه گذاری کرد، کیومرث بود. او در روز اول فروردین شاه شد و سی سال پادشاهی کرد و دشمنی به غیر از اهریمن بدکار نداشت. روزی اهریمن (دیو) با سپاهیانش می‌خواست با کیومرث بجنگد که فرزند او سیامک، به جنگ دیو رفت و کشته شد. نوه‌ی کیومرث، هوشنگ به انتقام گرفتن خون پدر به جنگ دیو رفت و سر دیو را از بدنش جدا کرد.

داستان پادشاهی هوشنگ

بعد از کیومرث، نوه‌ی او، هوشنگ بر تخت شاهی نشست. در زمان هوشنگ حرفه‌ی آهنگری رواج یافت و تیشه، تبر و ارّه برای اولین بار ساخته شد. به همت او کشت و زرع آغاز شد و نان پخته شد. همچنین پیدا شدن سنگ چخماق و جرقه‌ی آتش در زمان کیومرث اتفاق افتاد. مردم آن زمان آتش را هدیه‌ای از جانب خداوند می‌دانستند و جشن بزرگی به نام «جشن سَدِه» به مناسبت پیدایش آتش برگزار شد.

پادشاهی طهمورث

طهمورث بعد از هوشنگ، شاه شد و ریسیدن نخ، پرورش مرغ و خروس و رام کردن پرندگانی مانند عقاب و باز که برای شکار تربیت می‌شدند، رواج داشت. طهمورث وزیر نیکوکاری به نام شَیسَپ داشت که روز و

مقدمه

کتاب «از سرزمین کهن»، خلاصه‌ای از داستان‌های شاهنامه فردوسی می‌باشد. بانو الهام دبیران در این کتاب، سعی بر آن داشته که خلاصه‌ای از داستان‌های شاهنامه فردوسی را، از زبان نظم (شعر) به زبان نثر در آورد. زبان نوشتار او در گردآوری این کتاب، ساده و روان است و در نهایت امانت‌داری نسبت به حفظ دیدگاه فردوسی، از هرگونه اِعمال سلیقه‌ی شخصی در رَوَند بیان داستان‌ها و مفاهیم او، دوری گزیده است. تلاش ایشان بر آن بوده که بجای استفاده از کلمات ثقیل و دشوار، با انتخاب کلمات ساده و رایج، همسو با درک و فهم عموم، مخاطب بیشتری را جذب مفاهیم و زیبایی‌های سُروده‌های فردوسی نماید. از آنجایی که خواندن شاهنامه و درک منظور فردوسی با توجه به حجم زیاد مطالب شاهنامه و دشواری زبان نظم ابیات آن، برای بسیاری از جوانان و نسل امروز ایران، سخت و وقت‌گیر است، ارزش کتاب «از سرزمین کهن» را دو چندان می‌کند.

تقدیم به دخترم رژین
و
تمام فرزندان
سرزمیم

فهرست

مقدمه ۷
داستان پادشاهی کیومرث ۸
داستان پادشاهی هوشنگ ۸
پادشاهی طهمورث ۸
پادشاهی جمشید ۹
ضحاک مار به دوش ۱۰
داستان پادشاهی فریدون ۱۱
داستان زادن زال ۱۳
داستان زال و رُودابِه ۱۴
داستان زادن رستم ۱۴
پادشاهی نوذر ۱۵
داستان کِیقُباد ۱۷
داستان هفت خان رستم ۱۹
جنگ هاماوران و رفتن کِیکاووس به آسمان ۲۱
داستان هفت گُردان ۲۳
داستان رستم و سهراب ۲۳
داستان سیاوش ۲۶

داستان انتقام خون سیاوش	۳۰
بیژن و منیژه	۳۳
داستان کشته شدن افراسیاب	۳۵
داستان پادشاهی لُهراسب	۳۶
داستان گُشتاسپ و کتایون	۳۷
داستان اسفندیار	۳۹
داستان هفت خان اسفندیار	۴۱
داستان رزم رستم و اسفندیار	۴۳
داستان رستم و شَغاد	۴۵
داستان بهمن و همای چِهرزاد	۴۷
داستان پادشاهی دارا	۴۹
داستان کشورگشایی اسکندر	۵۲
داستان اردشیر	۵۸
داستان کِرم هفتواد	۶۱
داستان پادشاهی اردشیر بابکان	۶۲
داستان شاپور و هرمز	۶۳
داستان پادشاهی شاپور اورمزد ملقب به ذوالاکتاف	۶۴
داستان پادشاهی یَزد گرد بزه‌گر	۶۷
داستان پادشاهی بهرام گور	۶۹
داستان بهرام چوبینه و گُردیه	۷۴
داستان پادشاهی شیرویه	۷۸
داستان پادشاهی پوران دُخت	۷۹

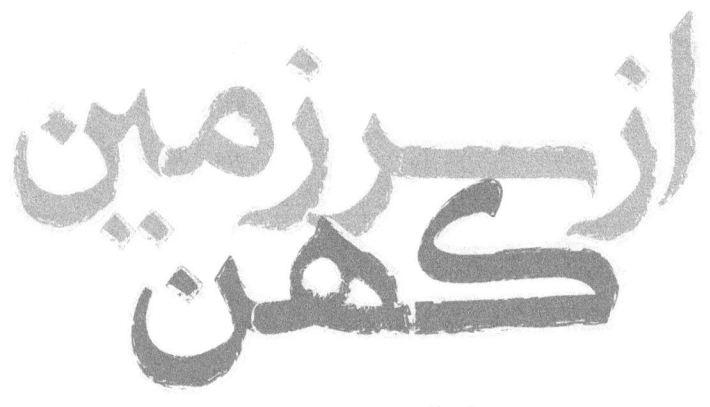

از سرزمین کهن

گردآورنده: الهام دبیران

مترجم: المارا کبیری

www.ingramcontent.com/pod-product-compliance
Lightning Source LLC
Chambersburg PA
CBHW050224100526
44585CB00017BA/1926
9781778922084